新形式問題 完全対応

TOEIC® TEST 英文法スピードマスター

NEW EDITION

成重 寿
Narishige Hisashi

Jリサーチ出版

TOEIC is a registered trademark of Educational Testing Service (ETS).
This publication is not endorsed or approved by ETS.

はじめに

　本書はTOEIC TESTのPart 5と6を得点源とするために、速く正確に解く力をつけるためのテキストです。Part 5 = 30問、Part 6 = 16問という新形式問題への対応版です。

　時間との戦いになるリーディングセクションにおいて、Part 5・6を短い時間で解くことは至上命題となります。また、Part 7で時間切れになることも想定すれば、Part 5・6では正確さを期し、無用の失点を避けることも同時に求められます。これは新形式になっても変わることはありません。

　速く正確に解くためには、しっかりした文法知識とその運用力が不可欠です。文法知識と言っても、TOEICで出題されるのは中学・高校で学んだ項目で完全にカバーできるものです。それをTOEICスタイルの問題の中で上手に運用できるかどうかがカギになるのです。

　本書では頻出の文法項目を30の解法にパッケージして、できるかぎりわかりやすく消化しやすいように紹介しています。中学・高校で学んだ文法項目であっても、忘れてしまっていたり、思わぬ穴があったりするものです。30の解法を利用して知識を確実なものにしておきましょう。

　運用力をつけるには、実際のTOEICに近い問題を解くのが一番です。本書では解法の紹介の後にExercisesがあり、実践的な練習ができるようになっています。Exercisesの問題はTOEICの標準レベルのものです。本試験を意識して、解答時間を決めて解いてみましょう。

　学習は10日間で完了できるように構成されています。DAY 1～8はPart 5で問われる項目、DAY 9はPart 6の長文空所補充の対策、DAY 10は模擬テストです。

　本書はTOEICのトータルな準備学習の中に組み込んでいただくことも、また直前対策の1冊として利用していただくこともできるでしょう。本書が受験者のみなさんのスコアアップに少しでもお役に立つなら、これほどうれしいことはありません。

著者

本書の学習ポイント

① 頻出の文法項目をおさらいできる
TOEIC によく出る文法項目を 30 の解法で紹介します。文法知識をコンパクトにまとめてあるので、頭を整理しながら身につけることができます。「文法ワンポイント」コラムも含めて、TOEIC の出題範囲をカバーします。

② 速解のコツがわかる
Part 5 には、問題文の一部を見るだけで解ける「速解問題」と、問題文全体を見なければ解けない「文脈問題」があります。速解問題をすばやく処理すれば、時間に余裕が生まれます。「文の一部に焦点を絞る」→「文脈を把握する」という 2 ステップの解き方を紹介します。

③ 語彙問題にも文法アプローチ
本書には「動詞」「形容詞・副詞」「名詞」の語彙問題も組み込んでいます。修飾関係や動詞と目的語との関係などに着目して、文法的なアプローチで速解をめざします。

④ TOEIC 仕様の Exercises と模擬テスト
Exercises や模擬テストの問題はすべて TOEIC 仕様の標準レベル。本試験に直結する運用力が身につきます。

⑤ 10 日間でスピードマスターできる
学習メニューは 10 日間で完了できます。直前対策にもぴったりの内容・ボリュームです。

TOEIC® TEST英文法スピードマスター NEW EDITION
CONTENTS

はじめに ………………………………………………… 2
本書の利用法 …………………………………………… 6
速解するための5つのテクニック ……………………… 8
文法用語の紹介 ………………………………………… 13

DAY 1 代名詞・関係詞 ………………………………… 15
解法①〜⑥

DAY 2 時制・仮定法・態・準動詞 …………………… 37
解法⑦〜⑪

DAY 3 品詞を見分ける ………………………………… 57
解法⑫⑬

DAY 4 接続詞・前置詞・接続副詞 …………………… 73
解法⑭〜⑰

DAY 5 相関語句・イディオム ………………………… 91
解法⑱〜⑳

DAY 6 動詞を選ぶ …………………………………… 107
解法㉑〜㉓

DAY 7 形容詞・副詞を選ぶ ………………………… 123
解法㉔〜㉖

DAY 8 名詞を選ぶ …………………………………… 141
解法㉗㉘

DAY 9 長文空所補充 ………………………………… 157
解法㉙㉚

DAY 10	模擬テスト ··· 177
	Questions ··· 178
	Correct Answers ································ 192

文法解法のまとめ ·· 208

Columns 英文法ワンポイント
1. 指示代名詞 ··· 36
2. 複合関係詞 ··· 56
3. 注意すべき不定詞の用法 ························ 72
4. 名詞節・副詞節・形容詞節 ···················· 90
5. 注意したい時制 ···································· 106
6. TOEIC 頻出の受動態の表現 ················ 122
7. 不規則変化の形容詞・副詞 ················· 140
8. 形容詞と前置詞の組み合わせ ············· 156
9. 慣用表現 ··· 176

本書は TOEIC 頻出の英文法を 10 日間でスピードマスターして、Part 5・6 で高得点をめざすテキストです。

DAY 1〜9 は、前半で TOEIC 頻出の文法・語彙問題の解法を紹介して、後半の Exercises で演習をする構成になっています。

● 解法紹介のページ

解法
問題を解くのに役立つコツを簡潔にまとめて紹介します。

解答のステップ
ひと目でわかるように解答のステップを示します。

例題
例題を使って実際の問題に即して解法を説明します。

リスト
整理して覚えたい事項はリストにして紹介します。

● Exercises のページ

問題

問題は実際のTOEICと同じレベルのものです。臨場感をもって練習ができます。

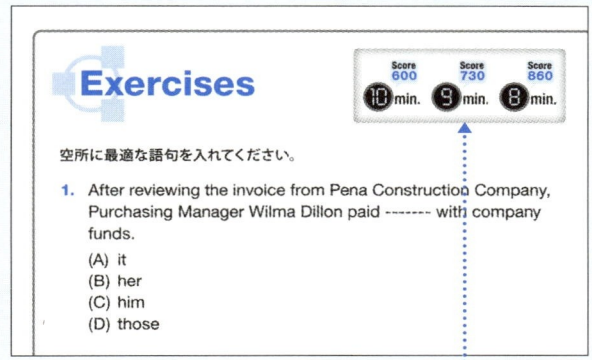

● 目標スコア別に制限時間を
決めて解くようにしましょう。

Correct Answers

正解のページです。簡潔かつ親切に正解の導き方を解説します。

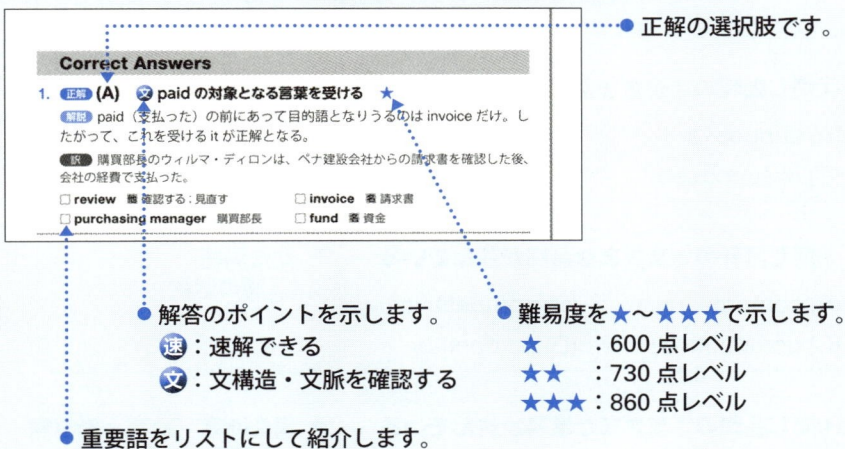

● 正解の選択肢です。

● 解答のポイントを示します。
　速：速解できる
　文：文構造・文脈を確認する

● 難易度を★〜★★★で示します。
　★　　：600点レベル
　★★　：730点レベル
　★★★：860点レベル

● 重要語をリストにして紹介します。

☞ 本書で使われる用語は一般的なものですが、「文法用語の紹介」(p.13) に一覧を示しました。わからない用語はこのページを参照してください。

速解するための
5つのテクニック

　Part 5・6の攻略の基本は「速く正確に」です。リーディングセクションは時間との戦いであり、75分で大量の英文を読んで、100問の設問を処理しなければなりません。そのうち46問を占めるPart 5・6の成否がスコアを大きく左右します。

　それでは、どのようにすれば、速く正確に解けるのでしょうか。

速解テクニック ① 選択肢を見て、問題のポイントを見抜く

　Part 5・6の問題で何が問われているかは選択肢の並びを見ればすぐにわかります。まず選択肢を見て、問われているポイントを察知しましょう。

---

①基本単語が並んでいる ▶ **文法問題〈基本的な文法項目〉**

(A) it　　　　　　　(B) their
(C) who　　　　　　(D) that

※代名詞・関係詞・前置詞・接続詞・相関語句など。

---

②同じ動詞のさまざまな形が並んでいる ▶ **文法問題〈動詞の形〉**

(A) supposes　　　　(B) is supposing
(C) is supposed　　　(D) will be supposed

---

③同じ語幹のさまざまな品詞が並んでいる ▶ **文法問題〈品詞の選択〉**

(A) compete　　　　(B) competitive
(C) competitively　　(D) competitor

---

④同じ品詞のさまざまな単語が並んでいる ▶ **語彙問題〈動詞・形容詞・副詞・名詞の選択〉**

(A) base　　　　　　(B) mode
(C) means　　　　　(D) purpose

①②③は文法問題で、④は語彙問題です。文法問題と語彙問題ではアプローチが少し違います。

文法問題については、基本的に私たち日本の学習者が中学・高校で学習した知識ですべて対応できます。

語彙問題の場合は、単語を知っているかどうかがポイントです。

速解テクニック ❷ 文法問題は「空所の役割」を考える

設問が文法問題とわかれば、空所が文の中でどのような役割を果たしているか、つまり「文の要素」として何かを考えましょう。

Alice Sloan has been promoted to area manager and ------- will lead the Bangkok office.

(A) she　(B) her　(C) it　(D) herself

訳 アリス・スローンは地域マネジャーに昇格し、バンコク事務所を率いることになる。

✔ この設問では、and 以下に主語がありません。つまり、空所は後半の文の主語になるわけです。選択肢はすべて代名詞ですから、何を受けるかを探して、適切な「主格の代名詞」を選びます。

文法問題ではさまざまな項目が問われますが、「空所の役割」をつかむことが先決です。

速解のポイント

文法問題をすばやく解くには、必要なところ以外はできるだけ読まないことです。上記の代名詞の問題では、「空所の役割」をおさえたうえで、文頭の主語を見ればそれで完了です。

STEP 1	空所の役割をつかんで、文の一部だけを見る	〈速解〉
STEP 2	文全体の構造をつかんで解く	〈文構造〉

文法問題の多くは、文全体の意味を正確に把握する必要はありません。「空所の役割」をつかんで、解答のヒントを文中に探し当てれば解けます。つま

り、STEP 1 で解けるものがかなりあります。

　なお、文法問題は知らない単語が出ていて理解できない文でも解答できます。文の見かけに惑わされてあきらめないこと。文法問題の多くは中学・高校の知識で解けるのです。

速解テクニック ③ 語彙問題は「単語の関係」をチェックする

　語彙問題を速解するのに有効なのは、「単語の関係」に注目することです。

The company has posted profits for five ------- quarters.

　(A) constant　(B) breakable　(C) apparent　(D) consecutive

訳 会社は5四半期連続で利益を計上している。
　(A) 絶え間ない　(B) こわれやすい　(C) 明らかな　(D) 連続する

✔ この問題は選択肢の並びから、形容詞を選ぶ語彙問題とわかります。形容詞は名詞を修飾しますから、空所に続く名詞の quarters（四半期）を見て、直前の five もヒントにすれば、それだけで consecutive（連続する）に絞れます。

　この問題では文全体の意味を知る必要はありません。

速解のポイント

　語彙問題にも文の一部だけを見て解答できる問題があります。形容詞や副詞なら修飾関係、動詞なら目的語との関係、名詞なら形容詞や前後の要素との関係を利用するのです。

　しかし、過半は文脈をつかまないと正解を特定できない問題です。解答するときには次の2つのステップで考えましょう。

STEP 1	空所の近くのみ、文の一部のみを見る	〈速解〉
STEP 2	文全体を見て、文脈をつかむ	〈文脈〉

　STEP 1 で解決すればそれで OK、解決しなければ STEP 2 の手順も踏むことになります。

速解テクニック ④ Part 6 は頭から全部読む正攻法で

　新形式問題で、Part 6 は従来の「4 セット×3 設問＝12 問」から、「4 セット×4 設問＝16 問」へと問題数が増えました。また、単語・語句を選択する問題以外に、「文（センテンス）」を選択する問題が登場しています。

　空所のある文だけで答えられる設問も少数ありますが、ほとんどの問題で空所文以外から解答のヒントを見つけないと解けない設定になっています。

　したがって、文脈を意識しながら頭からすべて読むのが理に適っています。Part 6 の文章はそれほど長くはないので、全部読むのにさほど時間はとられません。また、頭から読んでいると、読みながら解答することができます。

　空所単位で対応するのは、問題のヒントをあちこちに探し回ることになって、逆に余分な時間がかかります。全部読んでおけば、どこに問題のヒントがあるかも見当がつきます。

速解テクニック ⑤ 時間配分を決める

　リーディングセクションの解答時間は Part5・6 と Part 7 に分けて配分するのがいいと思います。制限時間 75 分で、どうやって配分するかですが、これは目標スコアによっても違ってくるでしょう。

Part 5・6	Part 7	Part 5・6 の解答時間
15 分	60 分	1 問＝ 19.6 秒
17 分	58 分	1 問＝ 22.2 秒
20 分	55 分	1 問＝ 26 秒
23 分	52 分	1 問＝ 30 秒

　スコア 730 をめざすには Part 5・6 を 20 分以内で解きたいし、スコア 860 をめざすにはやはり 17 分では終えたいところです。あとはリーディングセクションの模擬問題などを通して解いてみて、自分なりの時間配分を身体で覚えておくことが大切です。

　スコア 600 をめざす人も、23 分（1 問＝ 30 秒）を目標にすることをお勧めします。スコア 600 なら、Part 7 で 3 セット程度のやり残しは許容範囲ですが、できるかぎり余裕をもって Part 7 に臨むのがベターです。

速解に必要な語彙力

　文法項目は基礎的なものでも、見かけが難しいというのが TOEIC です。それは、Part 5 と 6 の問題文はすべて書き言葉のビジネス文であるからです。

　すばやく解答していくためには、こうしたビジネス文に慣れておく必要があります。

　文法問題は問題文が完全に理解できなくても解けるものが多いのは事実です。しかし、文構造を見極める必要がある問題では、その文意を理解して解くのと理解できずに解くのでは正確さやスピードに違いが出てきます。

　語彙問題は、近隣の言葉との関連で解けるにせよ、問題文全体の把握が必要であるにせよ、知らない単語や表現が数多くあるようでは、解答に支障が出てしまいます。もちろん、肝心の選択肢に知らない単語が並んでいるようでは対処しようがありません。

　Part 5・6 をすばやく正確に解くためには、ボキャブラリーの裏付けが不可欠です。これは Part 7 でも同様ですが、もし問題を解いていて、知らない単語が数多く出てくるようなら、意識的に語彙増強の学習をすることをお勧めします。

　問題演習をするプロセスで、知らない単語を覚えていくことを繰り返していけば、自然に語彙の増強をはかることができます。

　もし TOEIC によく出る単語や表現の全体像をつかんでまとめて覚えたいというのであれば、TOEIC 単語集を併用するのもいいでしょう。最近の市販の単語集は TOEIC をよく研究して作られているものもあるので、中身を確認して自分に合ったものを選びましょう。

文法用語の紹介

● **文の要素**

文を構成する要素を役割（機能）から見ると、次のように分類できます。

主語（**S**ubject）	文の主体を表す言葉（名詞）で、「〜は」「〜が」の意味になる。
動詞（**V**erb）	人やモノの動作・状態を表す。述語、述語動詞ということもある。
目的語（**O**bject）	動作の対象になる言葉（名詞）。
補語（**C**omplement）	主語や目的語の状態を表す。
修飾語（**M**odifier）	上記4つ以外の、付属的な要素。上記のどれかの要素を修飾する。
節（Clause）	2語以上から成り、主語・動詞があるもの。
句（Phrase）	2語以上から成り、主語・動詞がないもの。

<u>I</u> <u>read</u> <u>the document</u> <u>carefully</u> <u>before signing it.</u>
S **V**   **O**   **M**   **M** (Phrase)

私は署名する前にその書類を注意深く読んだ。

● **文型**

文型には次の5つがあります。

第1文型	S + V
第2文型	S + V + C
第3文型	S + V + O
第4文型	S + V + O_1 + O_2
第5文型	S + V + O + C

●品詞

品詞は文の最小の単位です。文法の説明でよく使う12の品詞を紹介します。

名詞（Noun）	人やモノの名前を表す。数えられる名詞は「可算名詞」（Countable noun）、数えられない名詞は「不可算名詞」（Uncountable noun）。個別の名称は「固有名詞」（Proper noun）と呼ぶ。
代名詞（Pronoun）	名詞の代わりに使う。文の要素によって、「主格」「所有格」「目的格」「再帰代名詞」「所有代名詞」がある（☞ p.16）。
動詞（Verb）	人やモノの動作・状態を表す。目的語を直接とるものが「他動詞」（Transitive verb）、目的語をとらないもの、前置詞を介して目的語をとるものが「自動詞」（Intransitive verb）。
助動詞（Auxiliary verb）	動詞の前に置いて、その動詞にさまざまな意味を付け加える。
形容詞（Adjective）	名詞の性質や状態を表す。名詞を修飾したり、補語になったりする。
副詞（Adverb）	動詞、形容詞、副詞、文全体を修飾する。場所、時、方法、感情、論旨などを表す。
接続詞（Conjunction）	語・句・文を結ぶ。2つの要素を対等の関係で結ぶ「等位接続詞」と、2つの要素を主従の関係で結ぶ「従位接続詞」がある。
前置詞（Preposition）	名詞の前に置かれ、時、場所、方向、手段などを表す。
疑問詞（Interrogative）	疑問文において、聞きたい言葉を示す語。who、when、where、what、howなど。
関係詞（Relative）	1つの語で接続詞と代名詞または副詞の2つの役割を兼ねたもの。〈接続詞 + 代名詞〉が「関係代名詞」、〈接続詞 + 副詞〉が「関係副詞」。
間投詞（Interjection）	感動、応答、呼びかけなどを表す。文の他の要素からは独立している。Wow.（すごい）、Well, ...（ええと…）、Oops!（しまった！）など。
冠詞（Article）	名詞の前に置いて、それがどのような名詞かを示す。a、anは「不定冠詞」で、数えられる名詞の前に置き、その名詞が単数であることを示す。theは「定冠詞」で、後ろの名詞を限定する。

DAY 1

代名詞・関係詞

Part 5 で得点しやすい文法事項の筆頭が代名詞と関係詞です。これらは中学・高校で既習の知識で完全にカバーできます。正しい知識を活用すれば 100％正解が出せます。

- 解法 1　代名詞は人称・単複・格をチェック………… 16
- 解法 2　再帰代名詞は主語との対応を考える………… 17
- 解法 3　関係代名詞か関係副詞かを見極める………… 19
- 解法 4　関係代名詞には 3 つの格がある……………… 20
- 解法 5　関係副詞は先行詞を見て選ぶ………………… 22
- 解法 6　不定代名詞は注意すべき用法をおさえる…… 23

解法 1 代名詞は人称・単複・格をチェック

代名詞は「人称」「単数・複数」「格」を正確につかむことが基本です。次の代名詞の一覧を頭に入れておき、人称・単複・格に注意して適切なものを選ぶ。これが代名詞の問題を攻略するすべてです。

(代名詞の一覧)

	一人称単数	二人称単数	三人称単数	一人称複数	二人称複数	三人称複数
主格	I	you	he/she/it	we	you	they
所有格	my	your	his/her/its	our	your	their
目的格	me	you	him/her/it	us	you	them
所有代名詞	mine	yours	his/hers	ours	yours	theirs
再帰代名詞	myself	yourself	himself/herself/itself	ourselves	yourselves	themselves

代名詞の人称は3つ、それぞれ単数と複数があります。格も「主格」「所有格」「目的格」の3つです。まず、これらを正確に区別できるようにしましょう。

「主格」　＝主語になる。
「所有格」＝直後の名詞にかかる。
「目的格」＝動詞の目的語になる。また、前置詞に続けられる。

実際に問題を解くときには、空所の代名詞がどの名詞を指しているかを確認して、人称・単複・格を見極めて正しい代名詞を選択します。

Mary was late for work, so ------- couldn't attend the meeting.
メアリーは遅刻したので、会議に出られなかった。

①空所は Mary を受ける　→　女性・三人称単数
②空所は後半の文の主語になる　→　主格
　「女性・三人称単数」＋「主格」＝ she　となります。

Flex Plastics Inc. increased ------- sales by releasing new products.

フレックス・プラスチックス社は新製品を発売することで売り上げを伸ばした。

① 空所は Flex Plastics Inc. を受ける　→　モノ・三人称単数
② 空所は直後の名詞 sales にかかる　→　所有格
　「モノ・三人称単数」＋「所有格」＝ its　となります。

We can accept international students as we have prepared a curriculum for -------.
私たちは外国の学生用のカリキュラムを準備したので、彼らを受け入れることができる。

① 空所は international students を受ける　→　人・三人称複数
② 空所は前置詞に続く　→　目的格
　「人・三人称複数」＋「目的格」＝ them　となります。

例題 1　Consumers purchased large numbers of HiBox Audio Players, making ------- very popular.

(A) they're
(B) his
(C) its
(D) them

正解 (D)　文〈動詞 ＋ 目的語 ＋ 補語〉を見抜く

解説　代名詞の格は何が適切か考える。カンマ以降は分詞構文になっているが、文の構造は〈make（動詞）＋ 空所（目的語）＋ very popular（補語）〉である。したがって、目的格が適切。選択肢で目的格は (D) them のみ。ちなみに、この them は HiBox Audio Players を受ける。

訳　消費者はハイボックス・オーディオプレイヤーを大量に購入し、それでそれらは人気になった。

解法 2　再帰代名詞は主語との対応を考える

「再帰代名詞」とは、代名詞の目的格に self（複数の場合は selves）が付いた形で、自身のことを表現したり、強調したりする場合に用います。「〜自身」「〜自体」という意味を表します。目的語になったり、前置詞の後に置かれたり、強調表現として付加されたりします。

I did it myself.
私はそれを自分でしました。

✔ この例では、I did it. で文が成立するが、「自分で」を強調するために myself を付け加えている。

再帰代名詞は慣用表現で使われることが多いので、よく使う表現をそのまま覚えておくと解答の際に役立ちます。

● **目的語として**
enjoy oneself（楽しむ）　　　　　pride oneself（自慢である）
help oneself to（〜を自由に取る）
take care of oneself（自分でなんとかする）

● **前置詞と一緒に使う**
by oneself（自分で）　　　　　　beside oneself（我を忘れて）
in oneself（それ自体で）　　　　in spite of oneself（思わず）

所有代名詞

所有代名詞とは、〈所有格 + 名詞〉を1語にまとめたもので、「〜のもの」という意味になります。先行する名詞を受けて、その所有者を名詞を省略して特定するときに使います。

Who's that umbrella over there? Oh, it's mine.
「あそこのあの傘はだれの？」「ああ、僕のだ」

✔ この文で mine は that umbrella を受けて、さらに「私」という所有者を示している。

例題 2　We educated ------- intensively about Sou-Fax Car Components before touring its factory.

(A) themselves
(B) ours
(C) ourselves
(D) itself

Ⓐ Ⓑ Ⓒ Ⓓ

正解 (C) 速 主語 We を見て再帰代名詞を決める

解説 再帰代名詞を使って educate oneself とすると「自分自身を教育する」→「学ぶ」という意味になることを見抜く。まず、所有代名詞の (B) を除外できる。他はすべて再帰代名詞だが、主語が We なので、これに対応する再帰代名詞の (C) ourselves が正解となる。

訳 工場見学をする前に、私たちはスーファックス車両部品について集中的に勉強した。

解法 3　関係代名詞か関係副詞かを見極める

　関係詞には「関係代名詞」（☞ 解法 4）と「関係副詞」（☞ 解法 5）があります。それぞれの種類と機能をしっかり押さえておきましょう。
　Part 5 では、選択肢に関係代名詞と関係副詞が混在することが多いので、この 2 つをまず見極めることが大切です。

関係代名詞と関係副詞の区別のしかた

　空所に続く文に欠けた要素（主語・目的語・所有格）があれば、空所に入るのは関係代名詞です。
　空所に続く文に欠けた要素がなければ、空所に入るのは関係副詞です。

　関係代名詞と関係副詞を区別できたら、次のステップとして、関係代名詞なら格を突き止め、関係副詞なら先行詞に合うものを選びます。まとめると、次のようなステップで解答することになります。

①関係代名詞と関係副詞を見極める

②関係代名詞は格を突き止める　　③関係副詞は先行詞に合うものを選ぶ

例題 3　Cheryl Jackson was the manager ------- department would be impacted by the restructuring.

(A) where
(B) who
(C) whose
(D) which

正解 **(C)** 速 the manager と department をつなぐ

解説 この文には was と would be impacted と動詞が 2 つある。空所には関係詞を入れて、the manager と連結させる必要がある。空所の後の文には department を限定する言葉が欠けている。manager と department の関係を考えると、「manager の department」となるはずで、空所には関係代名詞の所有格が適当。(C) whose が正解となる。

訳 シェリル・ジャクソンは、彼女の部署が社内再編で影響を受ける可能性のあるマネジャーだった。

解法 4　関係代名詞には 3 つの格がある

　空所に関係代名詞が入ることがわかれば、今度は格を見極めます。格は代名詞と同じで、「主格」「所有格」「目的格」の 3 つです。また、先行詞が「人」か「モノ」かもポイントになります。

関係代名詞	主格	所有格	目的格
人	who	whose	whom/who
モノ	which	whose/of which	which
人・モノ	that	—	that

Tim is the manager ------- is in charge of purchasing materials.
ティムは原材料の購入を担当しているマネジャーだ。

①空所に続く文には主語がない　→　主格
②先行詞は the manager　→　人
　「主格」+「人」= who　となります。

I talked to a lady ------- dress was blue.
私は、そのドレスが赤い女性と話をした。

①空所に続く文には dress にかかる言葉がない　→　所有格
②先行詞は a lady　→　人
　「所有格」+「人」= whose　となります。所有格はモノでも whose です。

I sent the books ------- you wanted to read.
君が読みたがっていた本を送ったよ。

①空所に続く文には read の目的語がない　→　目的格

②先行詞は the books → モノ
「目的格」+「モノ」= which となります。

that のポイント

関係代名詞の that は主格の who、which、目的格の whom/who、which の代わりに使うことができますが、以下の点に注意が必要です。

● 先行詞が最上級、the only や the very などで唯一のものと限定されている場合によく使います。

● 先行詞が anything、everything、none などの不定代名詞、all、some、few などの不定形容詞で修飾されている名詞の場合によく使います。

● 非制限用法の場合には使えません。非制限用法とは、関係代名詞の前がカンマで区切られている文です。

The tablet, ------- I bought yesterday, is light and easy to use.
　　　　○ which　× that
このタブレットは、私が昨日買ったもので、軽くて使いやすい。

what のポイント

関係代名詞の what は〈the thing(s) + which〉の役割をします。「〜のもの」という意味です。

What is most important is to earn profit this financial year.
= The thing which
一番重要なことはこの営業年度に利益をあげることだ。

例題 4　Lapton Museum, ------- was recently renovated, is attracting more visitors than ever.

(A) it
(B) what
(C) which
(D) that

Ⓐ Ⓑ Ⓒ Ⓓ

| 正解 | **(C)** 🚀 空所は主語になる ＋ 非制限用法

| 解説 | この文には動詞が was 〜 renovated と is attracting の 2 つある。そこで、カンマで区切られた部分を関係詞で Lapton Museum とつなげる必要がある。カンマで区切られた文には主語がないので、空所には主格の関係代名詞が入る。候補は (C) which と (D) that だが、カンマを使う非制限用法では that は使えないので、(C) が正解となる。

| 訳 | ラプトン美術館は最近改装されて、以前より多くの訪問客を引きつけている。

解法 5 関係副詞は先行詞を見て選ぶ

関係副詞の攻略には、次の一覧を頭に入れておけば問題ありません。空所に関係副詞が入るとわかったら、先行詞が何かを確認します。先行詞に対応する適切な関係副詞を選ぶだけです。

関係副詞	先行詞	先行詞の例
when	時を表す語	day, year など
where	場所を表す語	house, country など
why	理由を表す語	reason
how	なし	—

先行詞が day など「時」を表す語なら when を選び、country など場所を表す語なら where を選ぶというように、直感的に処理することができます。

先行詞が reason（理由）の場合は why ですが、この reason と why はどちらか一方を省略することができます。下記はどれもが正しい文です。

○ This is the reason why I quit the company.

○ This is the reason I quit the company.

○ This is why I quit the company.

これが、私が会社を辞めた理由です。

関係副詞の how は先行詞なしで使われます。

落とし穴

時や場所が先行詞であっても、関係副詞がくるとはかぎりません。前に見

たように、後続の文が完全な文なら関係副詞ですが、何かの要素が欠けた不完全な文なら関係代名詞を選ばないといけません。

Cambodia is the country ------- I've never been to.
カンボジアは私が行ったことのない国です。

- ✔ この文では、空所の後の文が不完全である。つまり、前置詞 to に続く要素が欠けている。したがって、関係代名詞 which または that が入ることになる。

Cambodia is the country ------- I first met my wife.
カンボジアは私が妻に初めて会った国です。

- ✔ この文では、空所の後は欠けた要素のない完全な文である。したがって、場所の先行詞 country に合う関係副詞の where を選ぶ。

例題 5 Higher wages were the reason ------- Barbenall Manufacturing production costs rose.

(A) when
(B) why
(C) where
(D) how

Ⓐ Ⓑ Ⓒ Ⓓ

正解 (B) 🚀 先行詞 the reason に注目

解説 動詞は were と rose の 2 つあるので、空所に関係詞を入れて前後をつなぐ必要がある。ところで、空所の後は完全な文になっているので、空所に入るのは関係副詞。先行詞が the reason（理由）なので、これに対応する関係副詞は (B) why である。

訳 高い賃金が、バーブノール・マニュファクチャリングの製造コストが上がった理由だった。

解法 6　不定代名詞は注意すべき用法をおさえる

不定代名詞とは、不特定の人・モノ・数量を表す代名詞です。代表的なものをおさえておきましょう。

one：「一般の人」を指す場合と「前出の名詞の代用」となる場合があります。前出の名詞の代用のときには、その名詞が複数なら ones と複数にします。

I lost my smartphone. So, I must buy a new one.
スマートフォンをなくしてしまった。だから、新しいものを買わなくてはならない。

- ✔ one は前出の smartphone を指している。不定代名詞なので、なくしたスマートフォンと今度買うスマートフォンは同じ個体ではない。スマートフォンという製品の「同じもの」ということ。
  まったく同じものを指すときには代名詞 (it) を使う。

I lost my smartphone. So, I must look for it.
スマートフォンをなくしてしまった。だから、それを探さなければならない。

other/another：the other(s) で「特定の残りのもの」を表します。others で「不特定の他の人々・モノ」を指します。another は an other と同じで、代名詞としては「不特定のもう１つのもの」という意味で使います。

I don't like this sweater. Please show me another.
　　　　　　　　　　　　　　　　　　　　✔「別の不特定のセーター」を指す。
このセーターは好きではないです。他のものを見せてください。

One dog is black and the other is beige.
　　　　　　　　　　　　✔ 犬は２匹いて、「特定できるもう１匹の犬」を指す。
１匹の犬は黒くて、もう１匹はベージュ色だ。

Others may say you are wrong.
　✔ 不特定の「他の人々」を指す。
他の人たちは君が間違っていると言うかもしれない。

each：「おのおの；それぞれ」の意味で、代名詞では each of 〜の形で使い、また形容詞として〈each + 名詞〉でも使います。いずれの場合も、単数扱いなので、動詞も単数で受けた形にします。

every：形容詞として〈every + 名詞〉（どの〜も）で使います。こちらも単数扱いです。こうした不特定のものを表す形容詞は「不定形容詞」と呼びます。

　every は「〜毎に」の用法に注意しましょう。**every** two weeks（２週間に１度）、**every** other day（２日に１度）のように使います。

all/both：all は「すべて」、both は「どちらも」の意味で、代名詞としては〈all of 複数名詞〉〈both of 複数名詞〉の形でよく使います。主語になるときは複数扱いです。

ただし、all については、All I want to say is "I love you". のように、all が「数えられないすべて」を表すときには動詞は単数扱いとなります。

all は形容詞として、both は形容詞、副詞としても使います。

either/neither：代名詞としては〈either of 複数名詞〉（〜のうちどちらか）、〈neither of 複数名詞〉（〜のうちどちらもない）の形で使います。主語になる場合はどちらも単数扱いである点に注意しましょう。

either/neither は形容詞や副詞としても使います。

some/many/much/(a) few/(a) little/several/enough：本来は数量を表す形容詞ですが、不定代名詞として使われることがあります。

Most members agreed to the proposal, but several didn't.
多くのメンバーはその提案に同意したが、何人かはそうしなかった。

例題 6　Williamson Lighting hired two college graduates in June, but delayed accepting -------.

(A) other
(B) another
(C) much
(D) every

正解 (B)　選 two college graduates に対応する不定代名詞

解説 空所は分詞構文の中にあり、accepting の目的語である。ここから、まず (C) much〈形容詞・副詞〉、(D) every〈形容詞〉を除外できる。次に (A) other だが、これを代名詞で使う場合には the が必要。ここまでで (B) another に絞れるが、空所は two college graduates（2 人の大学卒業生）を受けるので、2 人以外の「もう一人」という意味からも another が適当である。

訳 ウイリアムソン・ライティングは 6 月に 2 人の大学卒業生を採用したが、もう一人の受け入れが遅れた。

Exercises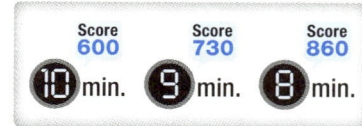

空所に最適な語句を入れてください。

1. After reviewing the invoice from Pena Construction Company, Purchasing Manager Wilma Dillon paid ------- with company funds.
   (A) it
   (B) her
   (C) him
   (D) those

2. Departmental performance summaries ------- are due quarterly from all senior managers must be submitted online.
   (A) those
   (B) when
   (C) that
   (D) whose

3. Visitors to Cole-East Museum can use headphones to take ------- through a self-guided tour of all the exhibits.
   (A) it
   (B) they're
   (C) theirs
   (D) themselves

4. Tim Feldman outlined a policy ------- would lower the product defect rate at his firm.
   (A) what
   (B) it'd
   (C) those
   (D) which

Correct Answers

1. 正解 (A) 　文 paid の対象となる言葉を受ける　★

解説 paid（支払った）の前にあって目的語となりうるのは invoice だけ。したがって、これを受ける (A) it が正解となる。

訳 購買部長のウィルマ・ディロンは、ペナ建設会社からの請求書を確認した後、会社の経費で支払った。

- □ **review** 他 確認する；見直す
- □ **invoice** 名 請求書
- □ **purchasing manager** 購買部長
- □ **fund** 名 資金

2. 正解 (C) 　文 空所の後には主語がない　★★

解説 are と must be という動詞が2つあるので、〜 senior managers までは must be の主語としてひとまとめにしなければならない。are due quarterly from all senior managers には主語がないので、主格にもなる関係代名詞 (C) that を入れれば summaries につながる。

訳 すべての上級管理職が四半期単位で求められる部門実績概要は、オンラインで提出しなければならない。

- □ **departmental** 形 部門の
- □ **performance** 名 実績
- □ **summary** 名 概要
- □ **due** 形 期限が来て
- □ **submit** 他 提出する

3. 正解 (D) 　文 take の対象は visitors　★★

解説 空所には take の目的語が入り、「すべての展示品を自動案内するツアーに〜をつれていく」となるが、この目的語になりうるのは主語の Visitors しかない。visitors が繰り返され、さらに目的格なので再帰代名詞である (D) themselves が正解となる。

訳 コールイースト博物館の訪問客はヘッドホンを使って、すべての展示品の自動案内ツアーをすることができる。

- □ **exhibit** 名 展示品

4. 正解 (D) 　文 先行詞が policy で主格の関係代名詞　★

解説 空所の後の would lower the product defect rate at his firm には主語がない。したがって、空所には主格の関係代名詞を入れて、policy につなげなければならない。(D) which が正解である。

訳 ティム・フェルドマンは、会社の製品欠陥率を下げる方策を説明した。

- □ **outline** 他 〜の概要を説明する
- □ **lower** 他 下げる
- □ **defect** 名 欠陥

5. Although Jane Witkowski did not have a college degree, this lack of credentials did not prevent ------- from starting a small business.
   (A) it
   (B) hers
   (C) her
   (D) its

   Ⓐ Ⓑ Ⓒ Ⓓ

6. At Fernd Office Supplies, staff hold ------- to a very high standard of customer service.
   (A) it'd
   (B) theirs
   (C) its
   (D) themselves

   Ⓐ Ⓑ Ⓒ Ⓓ

7. At the Gaelson Textiles factory, only employees ------- jobs are directly involved in production are allowed near assembly lines.
   (A) when
   (B) their
   (C) whose
   (D) they're

   Ⓐ Ⓑ Ⓒ Ⓓ

8. WeAreGreatFriends.co.ca social media site membership is open to ------- over the age of 13, with parental consent.
   (A) whatever
   (B) whichever
   (C) such
   (D) anybody

   Ⓐ Ⓑ Ⓒ Ⓓ

Correct Answers

5. 正解 **(C)** 文 Jane Witkowski を受ける目的格 ★★

解説 空所は prevent という動詞の目的語が入ると考えられる。代名詞の目的格は it か her だが、主節は「this lack of credentials（この資格がないこと）が～スモールビジネスを立ち上げるのをさまたげなかった」なので、空所の目的語は人でなければならない。Jane Witkowski を受ける (C) her が正解。

訳 ジェーン・ウィトコウスキは大学の学位をもっていなかったが、この資格がないことはスモールビジネスを立ち上げるのをさまたげることはなかった。

☐ **college degree** 大学の学位 　　☐ **credentials** 名 資格
☐ **prevent** 他 さまたげる

---

6. 正解 **(D)** 文 空所の代名詞が受けるものは staff ★★★

解説 動詞 hold は「保つ」という意味で、「顧客サービスの高度な水準」に対して何を保つかだが、選択肢はどれも代名詞なので「自分自身を保つ」とするしかない。staff は複数で受けるので、再帰代名詞の (D) themselves（自分たち）が正解。所有代名詞 theirs は「スタッフのもの」で意味が通じない。

訳 ファーンド事務用品では、スタッフが水準の高い顧客サービスを維持している。

☐ **customer service** 顧客サービス

---

7. 正解 **(C)** 速 employees と jobs をつなぐ関係代名詞 ★★

解説 only employees の後が空所で、その後に動詞の are が 2 つある。したがって、最初の動詞の文は関係詞で employees につなげなければならない。employees と jobs の関係は「社員の仕事」となるので、関係代名詞の所有格の (C) whose を選ぶ。

訳 ギールソン・テキスタイルズの工場では、その仕事が直接生産にかかわる社員だけが組み立てラインに近づくことを認められる。

☐ **be involved in** ～に従事する 　　☐ **assembly line** 生産ライン

---

8. 正解 **(D)** 速 membership is open to から人を表す代名詞 ★★

解説 空所は 2 つの前置詞にはさまれているので、空所だけで完結する言葉が必要。また、membership is open to ------（会員資格は～に開放されている）という文脈なので、空所は人でなければならない。(D) anybody しか適切なものはない。

訳 WeAreGreatFriends.co.ca のソーシャルメディア・サイトは、親の同意があれば、14 歳以上のだれでも会員になれる。

☐ **membership** 名 会員資格 　　☐ **parental consent** 親の同意

9. Chairperson Eric Stephens led the meetings ------- the issue of cost control was covered.

(A) that
(B) its
(C) where
(D) then

Ⓐ Ⓑ Ⓒ Ⓓ

10. Vera Tong convinced ------- a career in law would be possible, and then pursued one quite successfully.

(A) herself
(B) as
(C) ourselves
(D) it's

Ⓐ Ⓑ Ⓒ Ⓓ

11. As a professional test driver, Mark Templeton specializes in operating prototype vehicles and pushing ------- to new limits.

(A) we're
(B) them
(C) it
(D) theirs

Ⓐ Ⓑ Ⓒ Ⓓ

12. The Sairk Hotel provides guests with almost ------- they need as far as business conference services.

(A) anytime
(B) whatever
(C) something
(D) somebody

Ⓐ Ⓑ Ⓒ Ⓓ

Correct Answers

9. 正解 **(C)** 文 空所の後は完全な文、先行詞は meetings ★★

解説 空所の後は完全な文で、空所の前は名詞なので、入るのは関係副詞。先行詞が meetings という「場」なので、場所を表す関係副詞の (C) where が正解となる。

訳 エリック・スティーブンズ会長は、経費抑制の問題が取り上げられる会議を取り仕切った。

□ **chairperson** 名 会長

---

10. 正解 **(A)** 速 空所の前で受けられる言葉は Vera Tong だけ ★★

解説 動詞 convince が「納得させる」という意味なので、空所に再帰代名詞を入れて「自分を納得させた」となると考える。主語は Vera Tong なので、(A) herself が正解となる。

訳 ヴェラ・トンは法律の仕事が可能だと確信して、その後、きわめてうまくそれを続けた。

□ **convince** 他 納得させる　　□ **pursue** 他 追求する

---

11. 正解 **(B)** 文 空所は prototype vehicles を受ける ★★

解説 in 以下の動名詞の2つの部分は並列されていると考えられる。つまり、operating の目的語は prototype vehicles で、pushing の目的語にも同じ言葉が入るので、これを受ける代名詞を選ぶ。(B) them が正解。

訳 マーク・テンプルトンはプロのテストドライバーとして、試作品の車を運転してそれらに新しい限界まで負荷をかけることを専門にしている。

□ **specialize in** 〜を専門とする　　□ **operate** 他 操作する；運転する
□ **prototype** 名 試作品　　□ **vehicle** 名 車両

---

12. 正解 **(B)** 文 目的語と関係代名詞を兼ねるもの ★★★

解説 空所は〈provide 人 with モノ〉（人にモノを与える）のモノに当たる。また空所の後は they need で need の目的語がない。したがって、関係代名詞の目的格でなければならない。(B) whatever は「〜することは何でも」の意味の複合関係代名詞で、先行詞と関係代名詞を兼ね、目的格でも使えるので、これが正解。「顧客が必要なものはほとんど何でも〜」となり、文脈にも合う。

訳 サーク・ホテルは顧客に対して、ビジネス会議サービスに関する限り顧客が必要なものはほとんど何でも提供する。

□ **as far as** 〜に関するかぎり　　□ **conference** 名 会議

13. Alartin Department Stores usually locates its outlets in middle-income neighborhoods ------- people value quality items at reasonable prices.

(A) there
(B) those
(C) why
(D) where

14. At Tsarz Telecom, it is never troublesome for ------- to help subscribers through online chat or telephone systems.

(A) us
(B) ourselves
(C) themselves
(D) it's

15. Ms. Farhana Kassab, ------- achievements include developing a breakthrough heart medicine, was chosen Scientist of the Year by *Top News Magazine*.

(A) her
(B) whose
(C) hers
(D) those

16. Being a daily commuter, Tony Allen was curious how the new rules regarding employee parking space would impact -------.

(A) theirs
(B) him
(C) it
(D) its

Correct Answers

13. 正解 (D)　文 neighborhoods を先行詞にする関係副詞　★★

解説 空所の後は people value quality items at reasonable prices と文の要素はすべてそろっているので、関係副詞が入る。選択肢では why か where が関係副詞だが、neighborhoods（近隣地域）は「場所」なので、場所を表す関係副詞の (D) where が正解。

訳 アラーティン・デパートはいつも中所得の地域に販売店を構え、そこで人々は高品質の品物を安価に手に入れることができる。

- □ **locate** 他 設ける
- □ **outlet** 名 販売店
- □ **middle-income** 形 中所得の
- □ **reasonable** 形 手頃な値段の

14. 正解 (A)　文 help subscribers をするのはだれか　★★

解説 文脈から「加入者の皆さんをサポートする」のは「私たち」のはず。us か ourselves が候補だが、ここでは前に we が出ていないので再帰代名詞を使う必要はない。(A) us が正解。

訳 ツァーズ・テレコムでは、私共がオンラインチャットや電話システムを通して、加入者の皆さんをサポートいたしますので安心です。

- □ **troublesome** 形 厄介な；面倒な
- □ **subscriber** 名 加入者

15. 正解 (B)　速 Kassab（人）と achievements をつなぐ　★★

解説 空所の節はカンマで挿入されているので、主語である Ms. Farhana Kassab の説明である。空所の次の achievements は「Kassab の業績」のはずなので、関係代名詞の所有格の (B) whose を選ぶ。

訳 画期的な心臓病薬の開発などの業績をもっているファーハナ・カサブ氏は、『トップニューズ・マガジン』により年度代表科学者に選ばれた。

- □ **achievement** 名 業績
- □ **breakthrough** 名 革新

16. 正解 (B)　文 impact の目的語は Tony Allen を受ける　★★

解説 動詞 impact の後に空所があるので、代名詞なら目的格が入る。文脈から、the new rules（新しい規則）が「影響を与える（impact）」のは Tony Allen なので、Tony Allen を受ける (B) him が正解。

訳 毎日通勤しているトニー・アレンは、社員駐車場の新しい規則が彼にどんな影響を与えるのかに関心をもっている。

- □ **commuter** 名 通勤者
- □ **regarding** 前 ～について
- □ **impact** 他 影響を与える

17. The Destiv Cheese Outlet just opened another store in Anderville, where it already has -------.

(A) much
(B) every
(C) several
(D) most

18. Research and Development is the company division ------- consumes the largest part of the Foitron Pharmaceuticals yearly budget.

(A) which
(B) what
(C) who
(D) it

19. Higher product quality is the concern ------- the Burton Furniture Co. is addressing this quarter.

(A) what
(B) that
(C) there
(D) its

20. The provincial government has made many upgrades to Motorway 5, with Cartin International Airport being the ------- facility receiving millions of investment euros.

(A) other
(B) something
(C) most
(D) each

Correct Answers

17. 正解 (C) 文 store を受ける不定代名詞 ★★

解説 カンマの前には opened another store（もう1店舗開店した）とある。空所は another store に対比されているので、store を受けることができる不定代名詞が入る。(C) several（いくつかのもの）が正解。

訳 デスティブ・チーズ・アウトレットは、すでに数店舗があるアンダーヴィルでもう1店舗開店した。

☐ **outlet** 名 小売店

18. 正解 (A) 文 空所の後には主語がない ★

解説 空所に続く consumes the largest part of the Foitron Pharmaceuticals yearly budget には主語がない。したがって、主格の関係代名詞が入る。the company division というモノが先行詞なので、(A) which が正解。

訳 研究開発部は、フォイトロン製薬の年間予算を一番多く使う会社部門だ。

☐ **research and development** 研究開発　☐ **division** 名 部門
☐ **consume** 他 消費する　　　　　　　☐ **pharmaceuticals** 名 医薬品（会社）
☐ **budget** 名 予算

19. 正解 (B) 文 空所に続く文には目的語がない ★★

解説 空所は名詞の後ろで、文が続いているので関係代名詞が入る。空所の後の文には is addressing（取り組んでいる）の目的語がない。したがって、目的格の関係代名詞でなければならない。選択肢で適切なのは (B) that である。

訳 品質を高めることは、バートン家具社が今四半期に取り組んでいる課題だ。

☐ **concern** 名 重大事；問題　　☐ **address** 他 取り組む

20. 正解 (A) 速 空所の前後を見るだけで解ける ★★

解説 the ------ facility と定冠詞と名詞にはさまれているので、選択肢では (A) other しか適切なものはない。other を入れると、with 以下は「カーティン国際空港は多額のユーロ投資を受けているもう1つの施設である」となり文意も通る。most は後ろに形容詞が必要。each は the と同時に使えない。

訳 地方政府は高速5号線に多くの改修を行ったが、カーティン国際空港は多額のユーロ投資を受けているもう1つの施設だ。

☐ **provincial** 形 地方の　　　☐ **upgrade** 名 改修
☐ **facility** 名 施設

DAY 1　代名詞・関係詞

Column 英文法ワンポイント❶

指示代名詞 : this [these], that [those]

　this [these] は空間的・時間的に近いものを指し、that [those] は遠いものを指します。日本語には「これ」「それ」「あれ」と3種類の言い方がありますが、英語は2種類だけです。

These are the defective parts to be returned.
これらは返品しなければならない欠陥部品です。
＊These は空間的に近くにあることを示す。

At that time, I didn't know anything about running a restaurant.
そのころ私はレストランの経営について何も知りませんでした。
＊that は時間的に遠い過去のことであることを示す。

《注意すべき that, those の用法》

- 名詞の繰り返しを避けるのに that, those を使う。

The temperatures in Tokyo are higher than those in Beijing.
東京の気温は北京のそれより高い。
＊those は前出の temperatures を指している。複数なので those。

- those で「人々」の意味を表す。

This book is very informative for those who are interested in finance.
この本は金融に関心のある人にとても役に立つ。
＊〈those who ～〉の形で使われることが多い。

DAY 2

時制・仮定法・態・準動詞

動詞のさまざまな形から適切なものを選ぶ問題が必ず出ます。「時制」「仮定法」「態」「準動詞」の項目を学習するなかで「動詞の形の問題」に対応する運用力をつけましょう。

- **解法 7** 時制は文脈から判断する。時を示す言葉がヒントに‥‥38
- **解法 8** 仮定法は基本を押さえる。「仮定法現在」に注意！‥‥39
- **解法 9** 動詞の態は主語との関係で考える‥‥‥‥‥‥‥40
- **解法 10** 現在分詞は「〜する」、過去分詞は「〜される」‥‥41
- **解法 11** 不定詞と動名詞を区別する‥‥‥‥‥‥‥‥‥‥44

解法 7　時制は文脈から判断する。時を示す言葉がヒントに

　時制は基礎知識で十分対応できます。基本をおさらいしておきましょう。
● **現在形**：現在の状況や習慣的な行動を表します。TOEIC では三人称単数現在（三単現）の s が解答のポイントになることがあります。
● **過去形 vs. 現在完了**：過去形は過去の一時点の行動・状況を表します。現在完了は過去から現在まで継続している行動・状況、または過去の出来事が現在に影響しているときに使います。
　過去形のマーカーとなるのは yesterday、ten years ago、at that time など過去の時点を示す言葉です。
　現在完了形のマーカーは since last year、for three days など過去から現在までの継続を示す言葉、ever、never などの経験を示す言葉、just、already などの結果を示す言葉です。
● **過去完了**：過去の一時点までに継続していた行動・状況、または過去の一時点にそれ以前の出来事が影響しているときに使います。
● **未来形**：will や be going to で表すのがふつうですが、be scheduled to（〜する予定である）、be supposed to（〜することになっている）など別の表現でも表せます。また、現在進行形で近未来の予定を表せます。

例題 1　Geraldo Cortez ------- strong leadership skills through leading a special marketing team.

(A) develop
(B) developing
(C) has developed
(D) to develop

Ⓐ Ⓑ Ⓒ Ⓓ

正解　**(C)**　🚀 **主語は三人称単数**

解説　この文には動詞がないので、空所には動詞が入る。まず、ing 形の (B) と不定詞の (D) を除外できる。次に主語と見ると、Geraldo Cortez なので、三人称単数。したがって、s の付いていない (A) は不可。必然的に (C) has developed が正解だが、through leading a special marketing team（特別マーケティングチームを率いることを通して）から時間の経過が想起されるので、現在完了形が適切である。

訳　ジェラルド・コーティスは、特別マーケティングチームを率いることを通して強いリーダーシップの技能を養った。

解法 8 仮定法は基本を押さえる。「仮定法現在」に注意！

「仮定法過去」と「仮定法過去完了」は基本パターンを頭に入れておきましょう。「仮定法現在」の用法が TOEIC 頻出の注意ポイントです。

- **仮定法過去**：現在の事実と反することを仮定する
  If S + 過去形 〜 , S + would [could/might] + 原形 〜 .

- **仮定法過去完了**：過去の事実に反することを仮定する
  If S + had + 過去分詞 〜 , S + would [could/might] have + 過去分詞 〜 .

- **仮定法現在**：未来・現在についての仮定や想像を表す。TOEIC で要注意なのは次の用法で、should はよく省略され動詞の原形が使われる

要求・必要・主張・推奨を表す動詞が導く that 節
  require（必要とする）
  demand（要求する）
  insist（主張する）
  recommend（推奨する）
  ＋ that S + (should) + 原形 〜

  ✔ request、insistence など、要求・必要・主張・推奨の名詞に続く that 節でも仮定法現在を使う点に注意。

要求・必要・主張・推奨を表す形容詞が使われる〈It is 形容詞 that 〜〉
  It is necessary（必要な）
  　　desirable（望ましい）
  　　advisable（勧められる）
  　　imperative（義務の）
  ＋ that S + (should) + 原形 〜

例題 2　Sivin Manufacturing requires that all employees ------- on the newly-installed equipment.

(A) to certify
(B) be certified
(C) certifying
(D) been certified

Ⓐ Ⓑ Ⓒ Ⓓ

正解 (B) 速 要求・必要を表す requires に注目

解説 that 節には動詞がないので、空所には動詞が入る。ここから、不定詞の (A) と ing 形の (C) は不適。次に主節の動詞 requires に注目すると、この動詞は「要求・必要」を表す。こうした動詞が導く that 節は仮定法現在となり、動詞は原形にするのが原則。したがって、(B) be certified が正解。

訳 シヴィン・マニュファクチャリングは、全社員が新しく設置された機器について資格を得るように求めている。

解法 9 動詞の態は主語との関係で考える

「動詞の態」の選択では、主語が「〜する」と能動的なのか、主語が「〜される」と受動的なのかを見極める必要があります。

受動態は〈be + 過去分詞 + by〉で表すのが基本です。能動態の目的語が主語になって受け身を表します。

キムのチームはこの企画を書いた。
Kim's team wrote this proposal. 〈能動態〉
　　　S　　　　V　　　　O

This proposal was written by Kim's team. 〈受動態〉
　　　S　　　　　V　　　　　　M
この企画はキムのチームによって書かれた。

● by 以下が省略されることもある

by 以下が予測できる場合、特に明示する必要がない場合には省略されます。

The sales meeting was put off until next Monday. 〈by 以下の省略〉
営業会議は来週の月曜に延期されました。

させる動詞に注意

「〜させる」という意味を持つ動詞に注意しましょう。例えば、amaze は「驚かせる」という意味なので、amazing は「（モノが）驚かせる」で、amazed なら「（人が）驚く」となります。現在分詞・過去分詞の区別が問われることがあります。

impress（印象づける）　　　　**inspire**（奮い立たせる）

encourage（元気づける）　　**disappoint**（失望させる）
confuse（混乱させる）　　　**exhaust**（疲れさせる）
convince（納得させる）　　　**relieve**（安心させる）

> 例題 3　Visitors ------- to use public transportation to Kaze Golf Club for the Japan National Golf Tournament.
>
> (A) encourage
> (B) encouraging
> (C) will encourage
> (D) are encouraged
>
> Ⓐ Ⓑ Ⓒ Ⓓ

正解 (D)　速 Visitors と encourage の関係

解説　encourage は「奨励する」の意味で、Visitors（訪問者）は use public transportation（公共交通機関を利用する）ことを「奨励される」という関係なので、encourage は受け身にしなければならない。したがって、(D) が正解。

訳　ジャパン・ナショナル・ゴルフトーナメントでカゼ・ゴルフクラブを訪れる方は公共交通機関をご利用ください。

解法 10　現在分詞は「〜する」、過去分詞は「〜される」

現在分詞は〈動詞 + ing〉、過去分詞は〈動詞 + ed〉の形です。

現在分詞は進行形で使うほか、形容詞と同じ機能で名詞を修飾したり補語になったりします。過去分詞は完了形で使うほか、形容詞と同じ機能で名詞を修飾したり補語になったりします。

TOEIC では、名詞を修飾するケースで、現在分詞と過去分詞の選択が問われることがよくあります。ポイントは、名詞を基準にして、それが「〜する」〈能動〉なら現在分詞、それが「〜される」〈受動〉なら過去分詞です。

a **surprising** story（驚くべき話）　✔ story が驚きを与えるので、能動的
a window **facing** the lake（湖に面した窓）
　　　　　　　　　　　　　　　　✔ window は面しているので、能動的

a **reserved** seat（予約席）　✔ seat は予約されるので、受動的

an admission paid in advance（事前に支払った入場料）
- admission は支払われたので、受動的。by ～（～によって）が続いていれば、受動の判断がつきやすい。

例題 4　Burke Office Supplies sells stationery ------- by both large and small firms.

(A) been demanded
(B) will demand
(C) demanding
(D) demanded

ⒶⒷⒸⓓ

正解 (D)　速 stationery は by 以下に「求められる」

解説　この文にはすでに sells という動詞があるので、(A) や (B) は不可。空所の後に by があることと、stationery（文房具）が both large and small firms により「求められる」という関係であることを考えると、過去分詞の (D) demanded が正解となる。

訳　バーク事務用品は大企業と小企業のどちらからも引き合いのある文房具を販売している。

分詞構文

「分詞構文」とは、分詞を用いて〈接続詞 + 主語 + 動詞〉の働きをするものです。カンマで区切られて独立した句をつくるので、ひと目で分詞構文とわかります。接続詞はそのまま残しておくことも可能です。

　分詞構文は主文の前にも主文の後ろにも置けます。また、現在分詞、過去分詞のどちらも使えます。

Reaching an agreement, the two presidents shook hands.
(= After they reached an agreement,)
合意に達した後で、2 人の社長は握手をした。

分詞構文の主語は主文の主語と一致します。つまり、主文の主語を基準に現在分詞（能動）か過去分詞（受動）かを決めます。

Accepted by an overseas company, Takashi applied for a visa.
外国の会社に採用されたので、タカシはビザを申請した。

✔ Takashi を基準にすると、「採用された」と受動の意味になるので過去分詞を使う。

分詞構文の時が、主文の時より前の場合には、〈Having + 過去分詞〉とします。

Having met him several times, I finally received an order from the client.
数回会った後で、私はそのクライアントから受注した。

✔ client と会ったのは、注文を取ったときよりも過去のことなので、完了形の分詞構文になる。

独立分詞構文

分詞構文の主語が主文の主語と一致しない場合には、分詞構文の先頭に主語の言葉を置きます。こうした分詞構文を「独立分詞構文」と呼びます。

The party being over, the guests began to leave.
パーティーが終わったので、来客は帰り始めた。

✔ 分詞構文の動詞 being は、主文の主語 the guests に対応しない。そこで分詞構文に独自の主語を置く必要がある。

例題 5　When ------- audiences, Linda Hong uses graphic slides at important points.

(A) lectures
(B) lectured
(C) lecturing
(D) to lecture

正解 (C)　🔵 空所の動詞の主語は Linda Hong

解説　空所は When があり動詞が入るが、カンマで区切られた独立した句なので、分詞にしなければならない。まず (A) と (D) を除外できる。また、主節の主語の Linda Hong が分詞構文でも主語になる。「リンダ・ホンが聴衆に講演する」となるはずなので、現在分詞の (C) を選ぶ。

訳　聴衆に講演をするときには、リンダ・ホンは重要なところで図表のスライドを使う。

解法 11 不定詞と動名詞を区別する

　不定詞は〈to + 動詞の原形〉、動名詞は〈動詞 ing〉で、どちらも名詞と同じ働きをします。注意したいのは、不定詞・動名詞どちらも使える場合と、どちらかしか使えない場合があることです。主語・目的語・補語にはどちらも使えますが、前置詞の後には to 不定詞は使えません。
　不定詞・動名詞は動詞との間にも相性があります。

動詞との相性

● **不定詞だけを目的語にとる**

agree（同意する）	**decide**（決める）	**intend**（意図する）
refuse（拒絶する）	**hesitate**（ためらう）	**expect**（期待する）

● **動名詞だけを目的語にとる**

enjoy（楽しむ）	**finish**（終える）	**admit**（認める）
mind（気にする）	**imagine**（想像する）	**suggest**（提案する）

● **不定詞・動名詞の両方を目的語にとる**

（意味が異なる）

remember to（忘れずに〜する）		**〜 ing**（〜したことを覚えている）
regret　　 to（残念ながら〜する）		**〜 ing**（〜したことを後悔する）
forget　　 to（〜し忘れる）		**〜 ing**（〜したことを忘れる）

（意味が同じ）

like（好きだ）	**begin**（始める）	**continue**（続ける）
cease（やめる）	**prefer**（〜する方を好む）	**propose**（提案する）

落とし穴

● 使役動詞・感覚動詞では「原形不定詞」が使われます。

　　make + O + do　Oにdoさせる　✔ do の代わりに過去分詞も可。
　　see + O + do　Oがdoするのを見る　✔ do の代わりに現在分詞・過去分詞も可。

● need 〜 ing は「〜されることが必要だ」の意味になります。

　　These documents need filing. = These documents need to be filed.
　　これらの書類はファイルされる必要がある。

● 前置詞の後は動名詞しかこないので、次の表現も in があればすぐに動名詞とわかりますが、in がよく省略されるので要注意です。

have difficulty (in) ～ing（〜することが難しい）

be + 過去分詞 + 不定詞

〈be + 過去分詞 + 不定詞〉のパターンでよく使うものがあります。

be supposed to do（〜することになっている）
be expected to do（〜することが期待されている）
be required to do（〜することが求められている）

> **例題 6** Sylvia Carsten considers reading business Web sites a pleasant type of -------.
>
> (A) will relax
> (B) relaxing
> (C) relaxed
> (D) relax

正解 (B) 速 前置詞の後なので動名詞

解説 空所は of の後にあるので名詞しか入らない。relax は動詞なので、ing を付けて動名詞にした (B) relaxing が正解。

訳 シルビア・カーステンは、ビジネスのウェブサイトを読むことを楽しい息抜きの一種と考えている。

> **例題 7** The TXM Restaurant social media application is set ------- on November 1.
>
> (A) will launch
> (B) has launched
> (C) to launch
> (D) launch

正解 (C) 速 is set の後は to 不定詞

解説 is set で「設定される」という意味。「〜するように設定される」とするためには to 不定詞を続けなければならない。したがって、(C) が正解。

訳 TXM レストランのソーシャルメディアのアプリケーションは、11月1日にスタートする予定だ。

DAY 2　時制・仮定法・態・準動詞

Exercises

空所に最適な語句を入れてください。

1. Ganto Food Co. only sells vegetables and fruits ------- organically, without chemicals of any kind.

  (A) were raised
  (B) raised
  (C) is raising
  (D) will raise

2. Palmwell Home Goods Co. ------- a steady 25-30 percent share of its major market, as many consumers remain loyal to its brands.

  (A) has maintained
  (B) been maintaining
  (C) to maintain
  (D) is maintained

3. With inventory running low, Jin-hee Goh required that more products ------- by the close of the business day.

  (A) to order
  (B) will order
  (C) are ordered
  (D) be ordered

4. Although ------- the office at almost 11:00 PM, Hideki Watanabe was able to finish his international investment report.

  (A) departed
  (B) departing
  (C) had departed
  (D) would depart

Correct Answers

1. 正解 **(B)** 速 vegetables and fruits を修飾する分詞 ★★

解説 vegetables and fruits ------ organically が sells の目的語と考えられる。したがって空所に入る動詞の要素は副詞 organically を従えて、vegetables and fruits を後ろから修飾する形でなければならない。raise は「育てる」という意味で、vegetables and fruits は「育てられる」という関係。過去分詞の (B) raised が正解。

訳 ガントー・フード社は、いかなる種類の化学品も使うことなく、有機的に栽培された野菜とフルーツのみを販売する。

☐ **raise** 他 育てる；栽培する　　☐ **chemical** 名 化学品

---

2. 正解 **(A)** 速 空所の次は目的語なので動詞を入れる ★

解説 主節は Palmwell Home Goods Co. が主語で、a steady 25-30 percent share of its major market が目的語。空所には動詞を入れる必要がある。主語の会社が「維持する」ので態は能動態。選択肢では、現在完了形の (A) has maintained しか適当なものはない。

訳 パームウェル・ホームグッズ社は、多くの消費者がそのブランドに忠実なおかげで、25～30%という安定した市場占有率を維持している。

☐ **consumer** 名 消費者　　☐ **loyal** 形 忠実な

---

3. 正解 **(D)** 速 要求・必要を表す required に注目 ★★

解説 required that ～に注目。「要求」や「必要」を表す動詞が導く that 節は仮定法現在で、動詞は原形となる。したがって、(D) be ordered が正解。

訳 在庫が少なくなっているなかで、ジンヒー・ゴーはその営業日が終わるまでにさらに多くの製品に注文が入ることを求めた。

☐ **inventory** 名 在庫　　☐ **require** 他 求める

---

4. 正解 **(B)** 文 主文の主語に一致した分詞を選ぶ ★★

解説 Although ------ the office at almost 11:00 PM, には主語がないので、分詞構文だと予想する。空所には分詞が入る。したがって、(C) や (D) は不可。主節の主語は Hideki Watanabe で彼が the office を「出る」わけなので、現在分詞の (B) departing を選ぶ。

訳 オフィスを出るのはほとんど午後 11 時になってしまったが、ヒデキ・ワタナベは国際投資リポートを書き上げることができた。

☐ **depart** 他 ～を出発する

5. The new hydroelectric plant generates enough electricity ------- all of Mercer City and several smaller towns.

   (A) will sustain
   (B) has sustained
   (C) to sustain
   (D) sustaining

6. Designers at Criston Technologies are given bonuses for outstanding innovations, but products or services ------- by them are legally owned by the company.

   (A) to created
   (B) were created
   (C) created
   (D) will create

7. Clients touring the Burgone Metalworks factory were able to see advanced machinery ------- metal into distinct shapes.

   (A) would stamp
   (B) stamped
   (C) to stamp
   (D) stamping

8. Becky Thorne ------- a meeting of supervisors that will address the critical issue of quality control.

   (A) has convened
   (B) to convene
   (C) been convening
   (D) is convened

Correct Answers

5. 正解 (C) 文 〈enough + 名詞 + to do〉を見抜く ★★

解説 enough electricity は generates の目的語なので、空所以下はこの目的語の要素となる。ここからまず (A) と (B) を除外できる。次に enough との対応関係を考えると、「〜するのに十分な…」とするためには〈enough + 名詞 + to 不定詞〉の形をとる。(C) が正解である。

訳 その新しい水力発電所は、マーサー市全域といくつかの小さな町を維持するのに十分な電力をつくりだす。

- □ **hydroelectric plant** 水力発電所
- □ **electricity** 名 電気
- □ **generate** 他 生み出す；つくり出す
- □ **sustain** 他 維持する

6. 正解 (C) 速 by に注目する ★

解説 but 以下の文では products or services ------ by them が are の主語である。by them を products or services につなげる必要があるが、「彼らによってつくられた」のだから、過去分詞の (C) created が正解。

訳 クリストン・テクノロジーズの設計技師たちは際だった技術革新にボーナスを与えられるが、彼らがつくりあげた製品やサービスは法的に会社の所有となる。

- □ **outstanding** 形 傑出した
- □ **innovation** 名 技術革新

7. 正解 (D) 速 空所は知覚動詞 see の補語 ★★

解説 see が知覚動詞であることに気づく必要がある。〈see + 目的語 + 動詞原形/分詞〉という形がとれる。ここでは advanced machinery が stamp の主体なので、現在分詞の (D) stamping を選ぶ。

訳 バーゴーン・メタルワークスの工場を見学する顧客は、金属を独特の形に打ち抜く最先端の機械類を見ることができた。

- □ **tour** 他 見学する
- □ **advanced** 形 最先端の
- □ **stamp** 他 打ち抜く
- □ **metalwork** 名 金属加工
- □ **machinery** 名 機械類
- □ **distinct** 形 独特の

8. 正解 (A) 文 主文の動詞を選ぶ ★

解説 that 節は a meeting にかかるので、空所には主文の動詞として適当な形を選べばいい。a meeting を目的語にとらなければならないことを考えると、受け身の (D) is convened は不可で、現在完了の (A) has convened が適切。

訳 ベッキー・ソーンは、品質管理という重要課題を取り上げる管理職会議を招集した。

- □ **convene** 他 招集する
- □ **address** 他 取り組む
- □ **quality control** 品質管理
- □ **supervisor** 名 管理職
- □ **critical** 形 重要な

DAY 2 時制・仮定法・態・準動詞

9. Tom Pryce used comprehensive data on current software problems ------- his company about the urgency of an upgrade.

(A) been convincing
(B) to convince
(C) had convinced
(D) convinced

10. ------- by critics worldwide, the artwork of Imelda Valverde is set for display in the Candin Art Gallery next month.

(A) Praised
(B) Will be praised
(C) Is praised
(D) Praising

11. Parker Technologies uses the company Intranet for internal --------, thereby ensuring a high degree of information security.

(A) communicate
(B) to communicate
(C) communicating
(D) has communicated

12. Deeptan Consulting Co. ------- its most recent auditing project, turning in its findings its client.

(A) been concluding
(B) has concluded
(C) to conclude
(D) is concluded

Correct Answers

9. 正解 (B) 文 空所以降は副詞句になる ★★

解説 空所の前に、主語・動詞・目的語はすべてそろっているので、空所以下は修飾語の要素である。不定詞の (B) to convince を選ぶと、「アップグレードの緊急性について会社を説得するために」と目的を表す副詞句をつくり、前とうまくつながる。

訳 トム・プライスは、アップグレードの緊急性について会社を説得するために、現在のソフトの問題に関する包括的なデータを使った。

☐ **comprehensive** 形 包括的な　　☐ **current** 形 現在の
☐ **urgency** 名 緊急性

10. 正解 (A) 速 カンマの前は分詞構文、by に注目 ★★

解説 カンマ以下が完結した文になっているので、------ by critics worldwide, は分詞構文と考えられる。主文の主語の artwork（工芸品）は critics（批評家）に「賞賛される」関係なので、分詞は受け身にしなければならない。by もヒントになる。したがって、過去分詞の (A) Praised が正解。

訳 世界中の批評家から賞賛されている、イメルダ・ヴァルヴァーデの工芸作品が来月、カンディン・アートギャラリーで展示される予定だ。

☐ **praise** 他 賞賛する　　☐ **critic** 名 評論家
☐ **display** 名 展示

11. 正解 (C) 速 for internal -------- だけで処理できる ★★

解説 空所の後はカンマなので、for internal ------- で完結する要素となる。internal（社内の）が形容詞なので名詞として機能する動名詞の (C) communicating を選ぶ。

訳 パーカー・テクノロジーズは社内の通信に会社のイントラネットを使い、それによって高い水準の情報セキュリティーを確保している。

☐ **internal** 形 社内の　　☐ **thereby** 副 それによって
☐ **ensure** 他 保証する　　☐ **degree** 名 程度；水準

12. 正解 (B) 文 主文に動詞がない ★

解説 カンマまでの主文に動詞の要素がない。また、its most recent auditing project が目的語になるので、動詞は能動態でなければならない。現在完了の (B) has concluded を選択する。

訳 ディープタン・コンサルティング社は最近の監査プロジェクトを完了し、顧客に報告書を提出した。

☐ **audit** 他 監査する　　☐ **turn in** 〜を提出する

13. City regulations determine that fare meters ------- on all taxis operating within the city limits.

   (A) been installing
   (B) will install
   (C) to install
   (D) be installed

14. Ganler Cough Medicine™ works very effectively, ------- the severity of common cold symptoms.

   (A) be reducing
   (B) will reduce
   (C) reducing
   (D) reduced

15. At Woloi Car Components, Inc., safety gates in some production areas serve ------- workers from areas with heavy industrial robots.

   (A) to restrict
   (B) will be restricting
   (C) will restrict
   (D) restrict

16. The Qin Sporting Goods sales team ------- of highly experienced staff left last night for Riyadh.

   (A) composing
   (B) was composed
   (C) will compose
   (D) composed

Correct Answers

13. 正解 (D) 速 「命令・規定」の determine が that 節を導く ★★

解説 determine が「命令・規定」を表す動詞であることに注目。続く that 節の中は仮定法現在になるので動詞は原形となる。(D) be installed が正解。

訳 市の規制は、市内で営業するすべてのタクシーに運賃メーターを取り付けることを定めている。

- □ **regulation** 名 規則
- □ **fare** 名 運賃
- □ **determine** 他 定める
- □ **city limits** 市の範囲

14. 正解 (C) 文 主文の主語に合う分詞を選ぶ ★

解説 カンマの前までに完結した文があるので、空所以降は分詞構文と考えられる。主語の Ganler Cough Medicine が the severity of common cold symptoms（風邪の重い症状）を「緩和する」という能動の関係。したがって、現在分詞の (C) reducing を選ぶ。

訳 ガンラー咳止め薬は効き目がすぐれていて、風邪の重い症状を緩和する。

- □ **effectively** 副 効果的に
- □ **common cold** （普通の）風邪
- □ **severity** 名 （症状が）重いこと
- □ **symptom** 名 症状

15. 正解 (A) 文 serve は自動詞で、空所以降は修飾語 ★★

解説 この serve（機能する）は自動詞でここまでで文は完結している。空所以下は修飾語の要素。不定詞の副詞的用法の (A) to restrict を選べば、「重工業用ロボットのあるエリアに社員が入るのを制限するために」となり、文意も通る。

訳 ワロイ自動車部品社では、生産エリアのいくつかに安全ゲートがあり、重工業用ロボットのあるエリアに社員が入るのを制限している。

- □ **component** 名 部品
- □ **restrict** 他 制限する
- □ **serve** 自 役立つ；機能する

16. 正解 (D) 文 compose は「構成する」 ★★

解説 この文の動詞は left で、The から staff までが長い主語となる。ここでは compose（構成する）を過去分詞にして前の sales team を後ろから修飾させる。composed of で「〜により構成された」という意味である。(D) が正解。

訳 豊富な経験を積んだスタッフで構成されるキン・スポーツ用品の販売チームは昨夜、リヤドに向けて出発した。

- □ **composed of** 〜より構成された

17. Omson Logistics, Inc. makes ------- goods internationally easy and cost-effective for both small and large firms.

(A) has shipped
(B) shipping
(C) will ship
(D) ships

18. After carefully reviewing their records, Director John Foster ------- several junior staff to the level of section chief.

(A) promote
(B) to promote
(C) will be promoting
(D) has promoted

19. Research and Development Director Charles Horne is likely ------- more resources to the Advanced Engineering department, assuming he gets approval from the board.

(A) will shift
(B) be shifting
(C) to shift
(D) has shifted

20. The Provincial Department of Transportation has many functions, perhaps the most important among them being vehicle -------.

(A) to license
(B) is licensed
(C) will license
(D) licensing

Correct Answers

17. 正解 (B) 文 ------- goods internationally が目的語 ★★

解説 文の構造が〈makes（動詞）+ ------- goods internationally（目的語）+ easy and cost-effective（補語）〉となっていることを見抜かなければならない。すると、------- goods internationally は名詞となるので、動名詞の (B) shipping が選べる。

訳 オムソン・ロジスティクス社は、小企業と大企業のどちらに対しても、商品の国際配送を簡便でコストがかからないものにします。

☐ **logistics** 名 物流 ☐ **ship** 他 配送する
☐ **cost-effective** 形 費用効果の高い

18. 正解 (D) 文 After に合う時制を選ぶ ★★

解説 主文には動詞がないので空所には動詞が入るが、問題は時制である。After という時間の前後関係を示す接続詞が使われているので、現在の状態や習慣を表す現在形は不適。(A) は三人称単数の s もない。未来進行形の (C) will be promoting も After の節と合わない。現在完了形の (D) has promoted を選ぶ。なお、通常の未来形や過去形なら OK である。

訳 ジョン・フォスター取締役は、その記録を注意深く調べたあとで、数人の若手社員を係長級に昇格させた。

☐ **review** 他 調べる ☐ **promote** 他 昇格させる
☐ **junior staff** 若手社員

19. 正解 (C) 速 be likely to do ★★

解説 is likely の後に空所があり、more resources は shift の目的語となることがわかる。likely に動詞を続けるには to 不定詞にしなければならないので、(C) to shift が正解。be likely to で「〜しそうだ」という意味。

訳 研究開発担当役員のチャールズ・ホーンは、役員会から承認を受けるという前提で、より多くの資源を高度エンジニアリング部に移管できそうだ。

☐ **resources** 名 資源 ☐ **assume** 他 想定する
☐ **approval** 名 承認 ☐ **the board** 取締役会

20. 正解 (D) 文 vehicle ------- が補語になる ★★★

解説 perhaps 以下は独立分詞構文になっているので、vehicle ------- は、the most important among them〈主語〉+ being〈動詞〉に続く補語（名詞）と考えればいい。ここから (B) と (C) は除外できる。動名詞の (D) licensing を選べば、vehicle licensing（車両の認可）となり意味も通る。

訳 地方運輸局は多くの機能をもっているが、おそらくその中で最も重要なものは車両の認可だ。

☐ **provincial** 形 地方の ☐ **transportation** 名 運輸
☐ **vehicle** 名 車両

> **Column** 英文法ワンポイント❷

複合関係詞

　複合関係詞とは〈関係詞 + ever〉の形のものです。複合関係代名詞と複合関係副詞があります。

〈複合関係代名詞〉whoever, whichever, whatever

- 名詞節を導く

  Choose whichever you like.
  どれでも好きなものを選んでください。

- 副詞節を導く（譲歩）

  Whatever you decide, I will support you.
  あなたがどんな決定を下しても、私はあなたを支持します。

〈複合関係副詞〉whenever, wherever, however

- 副詞節を導く（譲歩）

  He would hesitate to take a risk, however small it is.
  どんな小さなリスクでも、彼は冒すのを嫌がるだろう。

DAY 3

品詞を見分ける

Part 5 には、同じ語幹で、品詞が異なる単語（派生語）から空所に適切なものを選ぶ問題が出ます。文の要素を判断して、動詞・名詞・形容詞・副詞から正解をすばやく選ぶ練習をしましょう。

- **解法 12** 空所の文中での役割を見極める……………58
- **解法 13** 語尾が品詞を見分けるヒントになる…………60

解法 12 空所の文中での役割を見極める

「品詞を見分ける問題」を解くポイントは、空所が文の中でどんな要素かを見抜くことです。

空所の文の要素は次の4種類です。文の要素を見極めるには、その文の構造をつかむ必要があります。Part 5の文は比較的長いものが多いので、一見難しく見えますが、文の構造は短いものでも、長いものでも同じです。見かけに惑わされないことが大切です。

① **空所が述語の役割をする／不定詞として使う** → 動詞

The boss **asked** me to **document** all the data for the promotion.
　　　　　述語　　　　　不定詞になる

上司は私にそのプロモーションのデータをすべて書面にするように求めた。

We can **lower** expenses by outsourcing the assembly process.
　　　　述語（助動詞の後）

組み立てプロセスを外注することで、我々は経費を削減できる。

② **空所が主語・目的語・補語になっている** → 名詞

My **company** is the second biggest car **manufacturer** in Japan.
　　主語　　　　　　　　　　　　　　　　　補語

私の会社は日本第2位の自動車メーカーだ。

We will need to hire some **laborers** to complete this **project**.
　　　　　　　　　　　　　目的語　　　　　　　　　　　　目的語

このプロジェクトを完了するには、いくらかの労働者を雇う必要がある。

落とし穴

同じ名詞でも、search（研究）・searcher（研究者）、manufacture（生産）・manufacturer（生産者；メーカー）のように、〈行為・行為者〉の区別が問われることがあります。

③ 空所が名詞を修飾する／補語になっている　→　形容詞

Experienced engineers are necessary for our new development plan.
　　名詞を修飾　　　　　　　　　　補語

我々の新規開発計画には経験の豊富なエンジニアが必要だ。

④ 空所が動詞・形容詞・副詞・文全体を修飾する　→　副詞

　　　　　副詞を修飾
Our team worked very dedicatedly to meet the deadline.
　　　　　　　　　　　　　　　動詞を修飾

我々のチームは、納期を守るためにとても献身的に働いた。

Eventually, the company posted profits of approximately ten billion yen.
文全体を修飾　　　　　　　　　　　　　　　　　　形容詞を修飾

結果的に、会社はおよそ 100 億円の利益を計上した。

例題 1　Bob Cohen's résumé was ------- enough to convince the human resources department to call him in for an interview.

(A) impress
(B) impression
(C) impressively
(D) impressive

Ⓐ Ⓑ Ⓒ Ⓓ

正解 **(D)**　速 補語である + enough が修飾できる

解説　空所は be 動詞 was の後ろなので、名詞か形容詞が候補。また、副詞の enough が続いていることから、enough が修飾できる形容詞でなければならない。したがって、(D) impressive（印象的な）が正解。

訳　ボブ・コーエンの履歴書は、人事部が面接のために彼に電話するよう納得させるのに十分なくらい印象的だった。

解法 13 語尾が品詞を見分けるヒントになる

　品詞を見分けるのに語尾に注目するのも有効な方法です。名詞・形容詞・動詞には典型的な語尾（接尾辞）がいくつかあるので、覚えておくと品詞の特定に役立ちます。

　副詞の典型的な語尾は -ly です。例えば、certain（確かな）という形容詞に -ly を付ければ certainly（確かに）という副詞になります。ほとんどの場合、この方式が当てはまるのですが、中には -ly の語尾を持つ形容詞もあるので注意が必要です。

名詞の典型的な語尾

-tion	→	institution（組織）	examination（試験）
-sion	→	decision（決定）	conclusion（結論）
-ment	→	improvement（改良）	treatment（取り扱い；治療）
-nce	→	convenience（便利）	prudence（思慮深さ）
-ity	→	quality（品質）	authority（権威）
-ship	→	membership（会員権）	craftsmanship（職人技）
-ness	→	kindness（親切）	fairness（公正）

　他に renewal（更新）、width（幅）、investor（投資家）、interpreter（通訳者）、attendee（出席者）、proficiency（技量）など。

形容詞の典型的な語尾

-ble	→	affordable（手頃な値段の）	stable（安定した）
-al	→	serial（連続する）	cordial（心のこもった）
-ful	→	skillful（熟達した）	resourceful（機転の利く）
-ent	→	patient（忍耐強い）	competent（有能な）
-ic	→	civic（都市の）	terrific（すばらしい）
-ive	→	competitive（競争力のある）	lucrative（儲かる）
-ous	→	enormous（莫大な）	unanimous（全会一致の）

　他に businesslike（事務的な）、worthless（価値のない）、picturesque（絵のように美しい）など。

動詞の典型的な語尾

- **-en** → **fasten**（締める）　　　**strengthen**（強める）
- **-fy** → **qualify**（資格を与える）　**simplify**（単純化する）
- **-ize** → **apologize**（詫びる）　　**specialize**（専門とする）
- **-ate** → **activate**（起動する）　　**originate**（始める）
- **-ish** → **accomplish**（完了する）　**relinquish**（放棄する）

✔ ish は selfish（利己的な）、stylish（しゃれた）など形容詞の語尾でもある。

副詞の典型的な語尾

- **-ly** → **actually**（本当のところ）　**immediately**（今すぐに）
　　　　　respectively（それぞれ）　**approximately**（おおよそ）

落とし穴

語尾が -ly でも副詞ではないものもあります。

(-ly が語尾の形容詞)

- **friendly**（親切な）　　　　　**lovely**（愛らしい）
- **timely**（タイミングのいい）　**orderly**（きちんとした）

(-ly が語尾で、形容詞・副詞の両方で使える)

- **only**（唯一の／ただ）　　　　**quarterly**（四半期の／四半期で）
- **yearly**（1年の／1年で）　　　**deadly**（ひどい／ひどく）

例題 2　The market share of Tridon Semiconductor became ------- improved after the release of several new product lines.

(A) consider
(B) considerable
(C) considerably
(D) consideration

Ⓐ Ⓑ Ⓒ Ⓓ

正解　(C)　速 improved を修飾する

解説　空所は became の後ろで、過去分詞の improved の前。improved を修飾する副詞しか入る候補はない。副詞の語尾 -ly をもつ (C) considerably（かなり）を選ぶ。

訳　いくつかの新しい製品ラインを発売した後で、トライドン・セミコンダクターの市場占有率はかなり改善した。

Exercises

空所に最適な語句を入れてください。

1. The success of cost control strategies at its Jakarta factory may later on ------- Manto Furniture to extend the programs to all its facilities.

(A) persuade
(B) persuasive
(C) persuasively
(D) persuasion

2. Velin Data Security Co. is known to recruit ------- from the top universities and technical schools worldwide.

(A) exclude
(B) exclusive
(C) exclusively
(D) exclusion

3. Both laboratory and field tests proved ------- that Uimio Co. paints last longer than most other brands.

(A) concluder
(B) conclusively
(C) conclusion
(D) conclude

4. Some analysts stated that rising stock market prices could be a broad ------- of overall economic growth.

(A) indicatively
(B) indication
(C) indicate
(D) indicative

Correct Answers

1. 正解 **(A)**　文 動詞がない　★★

解説 この文には動詞がないので、空所には動詞が入る。later on がはさまっているが、基本的には may に続いているので、動詞は原形になる。(A) persuade（促す）が正解。

訳 ジャカルタ工場でのコスト抑制戦略の成功は、これからマントー家具がそのプログラムをすべての施設に拡大する説得材料になるだろう。

- [ ] **strategy** 名 戦略
- [ ] **later on** 後で
- [ ] **extend** 他 拡大する

2. 正解 **(C)**　速 recruit はここでは自動詞　★★

解説 動詞 recruit（採用する）の後に空所があり、入る可能性があるのは名詞か副詞に絞られる。動詞の exclude や形容詞の exclusive は不適。しかし、ここに exclusion（除外）を入れても意味が通じないので、副詞の (C) exclusively（〜に限って）を選ぶ。

訳 ヴェリン・データセキュリティー社は世界のトップクラスの大学や技術学校だけから採用を行うことで知られている。

- [ ] **be known to** 〜することで知られている
- [ ] **recruit** 他 自 採用する

3. 正解 **(B)**　速 proved を修飾する副詞　★★

解説 空所は動詞 proved と that 節にはさまれている。また proved の目的語が that 節と考えられるので、空所には proved を修飾する副詞が入る。(B) conclusively（最終的に）が正解。

訳 研究所と実地の両テストにより、ウイミオ社の塗料は他のブランドの多くのものよりも持続性があることが最終的に証明された。

- [ ] **laboratory** 名 研究所

4. 正解 **(B)**　速 形容詞と前置詞にはさまれている　★

解説 空所は形容詞 broad と前置詞 of にはさまれている。名詞だけが入りうるので (B) indication（指標）が正解となる。

訳 上昇する株価は経済全体の成長の大局的な指標となると、何人かのアナリストは述べた。

- [ ] **state** 他 述べる
- [ ] **overall** 形 全体的な

5. Workers at Zam Iron and Coal Co. receive substantial pay and benefits packages because they are exposed to some ------- hazards when they work underground.

   (A) occupied
   (B) occupationally
   (C) occupy
   (D) occupational

6. Ryan Wilkerson always brings an especially ------- approach to aeronautical engineering.

   (A) object
   (B) objection
   (C) objectively
   (D) objective

7. Qenlo City could possibly ------- Marlon Waste Management, Inc., as a primary contractor for some residential services that it now carries out.

   (A) acceptable
   (B) acceptably
   (C) accept
   (D) acceptance

8. Peter Nakamura led the accounting seminar ------- for 45 minutes before pausing to take questions

   (A) instruct
   (B) instructive
   (C) instructively
   (D) instruction

Correct Answers

5. 正解 **(D)** 速 hazards を修飾する形容詞 ★

解説 空所は形容詞の some と名詞の hazards にはさまれているので、入るのは形容詞か名詞（〈名詞 + 名詞〉の可能性）だが、選択肢に名詞はない。形容詞は (A) occupied（占有された）か (D) occupational（職業上の）。文脈に合う意味を考えて (D) を選ぶ。

訳 ザム鉄石炭社の労働者たちは、地下で働くときに職業上の危険にある程度さらされるので、十分な給与と手当が支給される。

- □ **substantial** 形 相当な；十分な
- □ **be exposed to** ～にさらされる
- □ **underground** 副 地下で
- □ **benefits packages** 手当
- □ **hazard** 名 危険

6. 正解 **(D)** 速 副詞に修飾され、名詞を修飾する ★

解説 空所は副詞 especially と名詞 approach にはさまれているので、especially が修飾して、自身は approach を修飾する形容詞が入る。(D) objective（客観的な）が正解。

訳 ライアン・ウィルカーソンはいつも、航空工学にきわめて客観的な手法で取り組む。

- □ **aeronautical** 形 航空（学）の

7. 正解 **(C)** 文 主文には動詞がない ★

解説 as の前までの主文には動詞がないので、空所には動詞が入る。(C) accept が正解。直前に possibly（もしかすると）があるが、基本的には助動詞の could に続くので原形で問題ない。

訳 ケンロ市は、現在は市が実行している住民向けサービスの一部の主契約業者として、おそらくマーロン廃棄物管理社を採用することになるかもしれない。

- □ **primary** 形 主要な；第一の
- □ **residential** 形 住民の
- □ **contractor** 名 契約業者

8. 正解 **(C)** 文 文の要素はすべてあるので副詞を選ぶ ★★

解説 この文にはすでに主語・動詞・目的語がそろっている。for 以下は修飾語の要素なので、空所に入るのは副詞しかない。(C) instructively（教育効果が出て）が正解。

訳 ピーター・ナカムラは、質問を受けるために休憩するまで、45 分間にわたって教育効果十分に会計セミナーを行った。

- □ **accounting** 名 会計
- □ **pause** 自 休憩する

9. Critics praised *Home in the Country* as a wonderfully ------- musical that people of all ages may enjoy.

(A) delightfully
(B) delightful
(C) delight
(D) delighter

10. CEO Jin-ho Kim's promise to maintain current employment levels have served to ------- staff concerns about job losses under the planned restructuring.

(A) moderator
(B) moderation
(C) moderately
(D) moderate

11. Memberships are almost a type of ------- for those who want to visit Goldon Museum regularly without any entrance fees.

(A) necessary
(B) necessity
(C) necessitate
(D) necessarily

12. After reaching a tentative agreement on a merger, Vonok Airlines and Fico Airways will ------- their deal through contracts approved by their boards of directors.

(A) formality
(B) formalize
(C) formally
(D) formal

Correct Answers

9. 正解 **(B)** 速 wonderfully に修飾され、musical を修飾する ★

解説 a wonderfully ------ musical だけで考えられる。副詞と名詞にはさまれているので可能性があるのは形容詞だけ。(B) delightful（楽しい）を選ぶ。

訳 批評家らは『田園の家』を、どんな年代の人も楽しめる驚くほど楽しいミュージカルだとして賞賛した。

☐ **praise** 他 賞賛する

---

10. 正解 **(D)** 文 to 不定詞を意識する ★★

解説 空所の前は to で次は名詞の staff concerns。空所に動詞を入れて to 不定詞にしないと前後がつながらないので、動詞の原形の (D) moderate（緩和する）を選ぶ。

訳 現行の雇用水準を維持するというジンホー・キム CEO の約束は、計画されている再編のもとで失職するのではないかという社員の不安を和らげるのに役立っている。

☐ **maintain** 他 維持する　　☐ **current** 形 現在の
☐ **employment** 名 雇用　　☐ **restructuring** 名 再編

---

11. 正解 **(B)** 速 a type of の後ろで名詞 ★★

解説 a type of は「ある種の〜」という意味で、of の後には基本的に名詞がくる。また、空所の後は前置詞の for につながるので、ここからも名詞以外の可能性はない。(B) necessity（必需品）が正解。

訳 ゴールドン博物館を入場料なしで定期的に訪問したい人々にとって、会員資格はある種の必需品のようなものだ。

☐ **entrance fees** 入場料

---

12. 正解 **(B)** 文 主文には動詞がない ★★

解説 主文には動詞がなく、空所は助動詞 will と名詞の their deal にはさまれているので、動詞を入れればいい。(B) formalize（公式にする）が正解。

訳 合併について暫定的な合意に達した後、ヴォノック航空とフィコ航空は、両社の取締役会が承認した契約に沿って取引を公式のものとする。

☐ **tentative** 形 暫定的な　　☐ **merger** 名 合併
☐ **deal** 名 取引　　☐ **approve** 他 承認する
☐ **board of directors** 取締役会

13. As Felber Ball Bearings reached its ------- output levels, it developed plans to open new factories.

(A) maximization
(B) maximal
(C) maximally
(D) maximize

14. Harbor Springs Logistics, Inc., moves ------- in its markets, such as always improving its computer networks.

(A) competitively
(B) competitive
(C) compete
(D) competitor

15. The Sumpter Airport shuttle was usually prompt, showing little ------- in keeping its regular schedule.

(A) variation
(B) variably
(C) variable
(D) vary

16. Visitors to Floor 85 of Lightmark Tower can cheerily ------- much of the entire urban landscape spread out below.

(A) observant
(B) observationally
(C) observe
(D) observation

Correct Answers

13. 正解 **(B)** 速 所有格と名詞の間 ★

解説 空所は所有格の代名詞 its と名詞の output levels にはさまれているので、形容詞が入ると考えられる。(B) maximal（最大限の）を入れると「最大限の生産水準」となり、文意も通る。

訳 フェルバー・ボールベアリングズは上限の生産水準に達したので、新工場を開設する計画を立てた。

☐ **output** 名 生産（高）

14. 正解 **(A)** 速 moves は自動詞 ★★

解説 動詞 move には自動詞と他動詞の両方の用法があり、自動詞なら空所には副詞が、他動詞なら名詞が入る可能性がある。副詞の (A) competitively（競争力を持って）を入れると「その市場で競争力を持って活動している」となり文意も通る。名詞の (D) competitor（競合相手）は空所に入れても意味が通じないし、そもそも冠詞なしの単数では文法的にもおかしい。

訳 ハーバー・スプリングズ・ロジスティクス社は、コンピュータ・ネットワークを常に改善するなどして、市場で競争力をもって活動している。

☐ **improve** 他 改善する

15. 正解 **(A)** 速 showing の目的語 ★★

解説 カンマ以下は分詞構文になっていて、空所には showing の目的語になる名詞が入ると考えられる。したがって、(A) variation（変動；ずれ）が正解。

訳 サンプター空港のシャトルサービスは、たいてい時間に正確で、ずれもほとんどなく、定期スケジュールを守っていた。

☐ **prompt** 形 遅れがない；時宜を得た

16. 正解 **(C)** 文 動詞がない ★★

解説 この文は Visitors to Floor 85 of Lightmark Tower が主語、much of the entire urban landscape spread out below が目的語で、動詞がない。したがって、(C) observe（観察する）が正解となる。

訳 ライトマーク・タワー 85 階の訪問者は、眼下に広がる都市の全景の大部分を心ゆくまで眺めることができる。

☐ **cheerily** 副 楽しく；陽気に　　☐ **entire** 形 全体の
☐ **urban** 形 都市の　　　　　　　☐ **landscape** 名 風景

17. Subscriptions to Inex Telecom broadband Internet services are ------- higher this fiscal quarter, although still below the company target.

(A) measurable
(B) measurably
(C) measure
(D) measurement

18. SI Plumbing Co. technicians ------- go through 10 days of training each year to maintain their skill levels.

(A) obligatorily
(B) obligation
(C) oblige
(D) obligatory

19. Every senior ------- at Berger Market Research, Inc., has at least 10 years of experience and a graduate degree.

(A) statistician
(B) statistically
(C) statistical
(D) statistic

20. Customers at Rite Sandwich shops ------- which toppings they want on their bread, choosing from a wide variety of meats, fish or vegetables.

(A) specific
(B) specify
(C) specifically
(D) specification

Correct Answers

17. 正解 **(B)**　文 空所は higher を修飾する　★★

解説 主文には主語・動詞・補語の要素はすでにある。また、空所は are ------ higher と、形容詞（比較級）の前にあることから、higher を修飾する副詞が適切。(B) measurably（目立って）が正解となる。

訳 イネックス・テレコムのブロードバンド・インターネットサービスの加入者数は、まだ会社の目標に届かないものの、この会計年度に目立って増えた。

□ **subscription** 名 加入者　　　□ **fiscal** 形 会計の

18. 正解 **(A)**　速 空所は go を修飾する　★★

解説 空所は主語の SI Plumbing Co. technicians と動詞の go にはさまれている。この位置にくるのは副詞か助動詞。選択肢には副詞の (A) obligatorily（義務があって）があるので、これを選ぶ。

訳 SI プラミング社の技術者たちは、彼らの技術水準を維持するために、毎年 10 日間の研修を受ける義務がある。

□ **plumbing** 名 配管業　　　□ **go through** 〜を経験する
□ **maintain** 他 維持する

19. 正解 **(A)**　速 主語のコアになる名詞　★★

解説 Every senior ------ at Berger Market Research, Inc., が主語で has が動詞と考えられる。ところが主語の部分には has に直接的につながる名詞がないので、(A) statistician（統計学者）を選ぶ。

訳 バーガー市場調査社の上席統計学者はだれもが 10 年以上の経験と大学院の学位を持っている。

□ **graduate degree** 大学院の学位

20. 正解 **(B)**　文 主文は動詞がない　★★

解説 Customers から shops までが主語だとわかれば、この文には動詞がない。したがって、(B) specify（特定する）を選ぶ。「パンに載せたいトッピングがどれかを特定する」となり、文意も通る。

訳 ライト・サンドイッチ店の顧客は、パンに載せたいトッピングをどれにするかを、肉、魚、野菜の幅広い種類から選べる。

□ **topping** 名 トッピング

Column 英文法ワンポイント❸

注意すべき不定詞の用法

〈動詞 + 目的語 + to 不定詞〉のパターン

　urge + O + to do（O を促して do させる）
　encourage + O + to do（O を励まして do させる）
　force + O + to do（O に強いて do させる）
　allow + O + to do（O が do するのを許す）
　expect + O + to do（O が do するだろうと思う）
　ask + O + to do（O が do するように頼む）
　enable + O + to do（O が do できるようにする）
　help + O + to do（O が do するのを助ける）
　＊〈help + O + do〉も可能。〈help do〉の形もある。

〈動詞 + 目的語 + 原形不定詞〉のパターン

　動詞の原形のままで不定詞の役割をするものを「原形不定詞」と呼びます。原形不定詞は使役動詞や知覚動詞の文でよく使われます。

　（使役動詞）
　make + O + do（O に do させる）
　have + O + do（O に do してもらう［させる］）
　＊〈make [have] + O + 過去分詞〉の形も可能。
　let + O + do（O に自由に do させる）
　＊ get と cause は〈get [cause] + O + to do〉の形になるので注意。

　（知覚動詞）
　see + O + do（O が do するのを見る）
　hear + O + do（O が do するのを聞く）
　notice + O + do（O が do するのに気づく）
　＊知覚動詞では〈動詞 + O + 現在分詞［過去分詞］〉の形も可能。

DAY 4

接続詞・前置詞・接続副詞

文の要素をつなぐ言葉には接続詞・前置詞・接続副詞があります。TOEICではこれらが選択肢に混在した問題が出ます。それぞれの用法と頻出パターンをおさえておきましょう。

- **解法 14** 「接続詞」は2つの要素をつなぎ、「前置詞」は名詞を従える ……………… 74
- **解法 15** 「等位接続詞」は前後を対等につなぎ、「従位接続詞」は前後を主従関係でつなぐ …… 75
- **解法 16** 接続副詞は文と文をつなぐ ……………… 77
- **解法 17** 前置詞はまぎらわしい用法に注意 ………… 78

解法 14 「接続詞」は2つの要素をつなぎ、「前置詞」は名詞を従える

　接続詞・前置詞・接続副詞の問題を解くには、それぞれの機能を区別できるかどうかがポイントです。まず、それぞれの機能を見ておきましょう。

● **接続詞**：文と文、語と語をつなぐ。語と語をつなぐ場合、品詞は問わない。不定詞と不定詞など句同士もつなげる。

〈文と文をつなぐ〉

Have you finished the assignment or do you need some more time?
　　　　　　　文1　　　　　　　　　　＋　　　　　　文2

その仕事は終わりましたか、それとももう少し時間が必要ですか。

〈語と語をつなぐ〉

It is hot and humid today.
　　　語1　＋　語2

今日は暑くてじめじめする。

● **前置詞**：〈前置詞＋名詞〉でまとまった句をつくる。前置詞は必ず名詞の前に置く。

Our company is located behind the post office.
　　　　　　　　　　　　　　名詞の前に置く

弊社は郵便局の裏手にあります。

● **接続副詞**：文と文を接続する。文法的には、文全体を修飾する副詞である。

We have already worked 12 hours, so let's call it a day.
　　　　　　　文1　　　　　　　　　→　　　　文2

もう12時間も働いたんだから、切り上げよう。

　接続詞・前置詞・接続副詞の混在する選択肢は、次のようなステップで処理をしましょう。
　まず、①接続詞（接続副詞）と前置詞を区分します。前置詞はその後に必ず名詞が続きます。接続詞は名詞と名詞をつなぐ場合には、前後は対等の関係です。これで、両者を識別できます。
　次に、②接続詞か接続副詞と決まれば、その中で最適のものを選びます（☞解法15、16）。③前置詞と決まれば、その中で最適のものを選びます（☞解法17）。

- ① 空所に入るべきものが接続詞か前置詞かを見極める
- ② 接続詞なら、等位接続詞（接続副詞）か従位接続詞かを決める
- ③ 前置詞なら、その意味・機能から最適のものを選ぶ
- ②' 順接か逆接かなど、機能・意味から最適のものを選ぶ

例題 1 After graduation, Gina Salk will work in the business ------- possibly medical sector.

(A) but
(B) with
(C) or
(D) from

Ⓐ Ⓑ Ⓒ Ⓓ

正解 (C)　**速** business と medical をつなぐ

解説 空所は business と possibly medical の間にあるが、副詞の possibly をひとまず無視すると、business と medical の間。また、この 2 語は並列関係で、どちらも sector にかかっている。入るのは接続詞になるので、前置詞の (B) with や (D) from は不可。「逆接」の (A) but では意味をなさないので、「選択」の意味をもつ (C) or を選ぶ。

訳 ジーナ・ソークは卒業後、実業界か、あるいはたぶん医療セクターで働くつもりだ。

解法 15　「等位接続詞」は前後を対等につなぎ、「従位接続詞」は前後を主従関係でつなぐ

　空所に入るものが接続詞と限定できれば、接続詞の中で適切なものを選びます。そのときにポイントとなるのが、「等位」か「従位」かです。

● **等位接続詞**：前後を対等の関係でつなぐ。

👁 前後は対等

I was offered the position, but declined because of its low compensation.
　　　　　文 1　　　　＝　　文 2

私はそのポストを提示されたが、報酬が安かったのでお断りした。

- **従位接続詞**：接続詞が入る節が補足的な説明をする。

👁 前後は主従関係

An important client visited me while I was in a meeting.
　　　　　　主節　　　＞　　従属節

私が会議に出ているときに、大切なクライアントが訪ねてきた。

よく使う等位接続詞

and（〜と〜；〜そして〜）　　　　　　**or**（〜または〜；〜さもないと〜）
but（〜しかし〜）

or は次の用法に注意しましょう。

Hurry up or you'll miss the last train. 〈or = otherwise〉
急いで、でないと終電に遅れるよ。

Our company is located in western Tokyo, or "Tama".
〈or = in other words〉
私たちの会社は東京の西部、別の言い方をすれば「多摩」にあります。

注意すべき従位接続詞

although（〜だけれども）　　　　　　**while**（〜している間、〜の一方）
until（〜まで［前置詞でも使う］）　　**since**（〜だから、〜から［前置詞でも使う］）
unless（〜でないなら）　　　　　　　**whether**（〜かどうか）
so that（〜するために）　　　　　　**now that**（いまや〜なので）
in case（〜するといけないので）　　**provided that**（〜という条件で）
in order that（〜するために）　　　**even if [though]**（たとえ〜でも）

例題 2　Sassa Manufacturing lawyers deal with regulations, -------
　　　　public relations handle the media.

　　　　(A) while
　　　　(B) whether
　　　　(C) that
　　　　(D) than　　　　　　　　　　　　　　　　　　Ⓐ Ⓑ Ⓒ Ⓓ

正解 **(A)** 文 空所の後は従属節

解説 文意は、前半が「サーサ・マニュファクチャリングの弁護士たちは規則に取り組む」、後半が「広報部がマスコミに対応する」。等位・従位のどちらにも可能性がありそうだが、選択肢に等位接続詞はない。従位接続詞の (D) while には「〜の一方〜」の意味があり、これを入れると「広報がマスコミに対応する一方、サーサ・マニュファクチャリングの弁護士たちは規則に取り組む」となり文意が通る。

訳 広報部がマスコミに対応する一方、サーサ・マニュファクチャリングの弁護士たちは規則に取り組む。

解法 16 接続副詞は文と文をつなぐ

基本的には等位接続詞と似かよった役割です。しかし、等位接続詞は文と文をつなぐときは必ず文頭に置きますが、接続副詞は文頭に置くほか、カンマではさんで挿入できます。また、セミコロンの後に用いられます。

The proposal was turned down by the board. Our team will, therefore, try to submit a different one next week.

👁 前文を受けて「〜なので」

その提案は役員会に却下された。なので、私たちのチームは来週、別の提案を出すつもりだ。

よく出る接続副詞

besides（そのうえ）
furthermore（さらに）
nevertheless（にもかかわらず）
accordingly（それを受けて）
even so（それでも）
in contrast（対照的に）

otherwise（そうでなければ）
therefore（それゆえに）
however（しかしながら）
consequently（その結果）
in addition（そのうえ）
on the other hand（一方で）

例題 3　Stock prices fell yesterday; ------- they have shown little change this week.

(A) then
(B) anyway
(C) otherwise
(D) namely

Ⓐ Ⓑ Ⓒ Ⓓ

正解	**(C)** 文 空所の前後では論旨が逆
解説	選択肢はすべて副詞。文の前半は「株価は昨日、下落した」。空所をはさんで後半は「今週は変化がほとんどなかった」。前後の内容は逆の関係なので、逆接のニュアンスをもつ接続副詞を選ばなければならない。(C) otherwise には「そのことを除けば」の意味があり、これが正解となる。
訳	株価は昨日、下落した。そのことを除けば、今週は変化がほとんどなかった。

解法 17 前置詞はまぎらわしい用法に注意

空所に前置詞が入るとわかっても、複数の前置詞からどの前置詞かを見極めなければならないときがあります。基本的な前置詞の機能をおさえるとともに、ターゲットになりやすい前置詞の用法をチェックしておきましょう。

基本の前置詞の用法

〈時間〉

at 〈時刻・時点〉	→	at three o'clock（3時に）　at noon（正午に）
on 〈日〉	→	on 10th of March（3月10日に）
〈特定の時間帯〉	→	on Sunday morning（日曜日の午前中に）

✔ 一般に「午前中」は in the morning だが、「特定の午前中」なら on を使う。

in 〈幅のある時間〉	→	in this quarter（この四半期に）
〈時間の経過〉	→	in a week（1週間後に）
for 〈時間の長さ〉	→	for ten days（10日間）
during 〈特定の期間〉	→	during my stay（私の滞在中に）
by 〈期限〉	→	by the end of this month（今月末までに）
until 〈継続〉	→	until this weekend（今週末までずっと）
since 〈起点〉	→	since this morning（今朝から）

〈場所〉

at 〈地点〉	→	at home（家で）
		at this point（この時点では）
in 〈場所〉	→	in Tokyo（東京で）
〈方向〉	→	in the direction（この方向に）
across 〈全体〉	→	across the region（地域中で）
〈反対〉	→	across the street（道の反対側に）
between 〈2つの間〉	→	between the two companies（2社の間で）
among/amid	→	among [amid] the factory workers
〈3つ以上の間〉		（工場労働者の間で）

〈手段〉
by 〈手段〉　　　　　　→　by hand（手で）　by courier（宅配便で）
in 〈お金〉　　　　　　 →　in euro（ユーロで）　in installments（分割払いで）
through 〈業務〉　　　 →　through hard work（激務を通して）

注意すべき前置詞の用法

in 〈増減の名詞と〉　　→　an increase [decrease] in oil prices
　　　　　　　　　　　　（石油価格の上昇［下落］）
around 〈おおよそ〉　　→　around here（このあたりに）
at 〈比率〉　　　　　　→　at the present rate（現在のレートで）
by 〈差〉　　　　　　　→　Revenues increased by 25%.
　　　　　　　　　　　　（収入は25％増えた）
behind 〈遅延〉　　　　→　behind schedule（予定より遅れて）
over 〈関連〉　　　　　→　over the upcoming event
　　　　　　　　　　　　（今度のイベントについて）
under 〈進行中〉　　　 →　under consideration（検討中で）
despite 〈逆接〉　　　 →　despite the bad weather
　　　　　　　　　　　　（悪天候にもかかわらず）

☞前置詞句は p.93 で詳しく紹介しています。

例題 4　Hadley Community Center is closed ------- the public on national holidays.

(A) off
(B) in
(C) at
(D) to

正解 **(D)** 速「～に対して」の意味の前置詞

解説 空所は is closed の後ろで、the public（人々）の前にある。意味としては「人々に対して閉ざされている」となる。closed と一緒に使い、「～に対して」の意味を表せる前置詞は (D) to である。

訳 ハドリー・コミュニティセンターは祝日のため閉館している。

Exercises

Score 600: 10 min. Score 730: 9 min. Score 860: 8 min.

空所に最適な語句を入れてください。

1. Causey Glass Co. originally planned to enter the South Africa market next year ------- may delay because of logistical issues.
   - (A) nor
   - (B) either
   - (C) but
   - (D) if not

2. GDP rose 1.7 percent last quarter, somewhat ------- expectations of most economists.
   - (A) among
   - (B) beneath
   - (C) next
   - (D) since

3. Urano Rubber and Harsten Manufacturing negotiators found agreement during recent discussions; ------- a contract draft was drawn up.
   - (A) the end
   - (B) resulting
   - (C) otherwise
   - (D) consequently

4. TgR Pharmaceuticals will be in the testing phase of a new product ------- June onwards, many media sources claim.
   - (A) to
   - (B) on
   - (C) from
   - (D) as

Correct Answers

1. 正解 (C) 文 前後の文は逆接の関係 ★★

解説 動詞の部分は originally planned to（もともと～する計画だった）と may delay（遅れるかもしれない）の2つあり、これらは並列されている。また、意味的には逆になっているので、逆接の等位接続詞が入ると考えられる。(C) but が正解である。

訳 コージー・ガラス社はもともと来年に南アフリカ市場に進出する計画だったが、物流の問題により延期するかもしれない。

☐ **logistical** 形 物流管理の

---

2. 正解 (B) 速 空所の次は名詞 ★★

解説 空所の後は名詞が続くので、空所には前置詞が入る。expectations（予測）との関係を考えると、上回るか下回るになるはずなので、(B) beneath（～の下に）を選ぶ。among や since では意味が通じない。

訳 GDP は前四半期には 1.7% 伸びたが、エコノミストの大半の予測をいくぶん下回った。

☐ **somewhat** 副 いくぶん；少し ☐ **expectation** 名 予測

---

3. 正解 (D) 文 時間の前後関係 ★★★

解説 空所の後には完全な文があるので、空所に入るのは接続詞ないしは接続副詞。(C) otherwise（そうでなければ）と (D) consequently（結果的に）が接続副詞だが、文意が通るのは consequently のほう。(D) が正解。

訳 ウラノ・ラバーとハーステン・マニュファクチャリングの交渉担当者は最近の話し合いで合意を見出した。結果的に、契約の草案が書き上げられた。

☐ **draft** 名 草案 ☐ **draw up** ～を書き上げる

---

4. 正解 (C) 速 空所の後は June ★★

解説 空所の後には June という月がきている。また、onwards は「～以降」という副詞で、from と一緒に使って「～から」と起点を表す。(C) が正解。

訳 マスコミの多くが主張するところでは、TgR 製薬は6月から新製品のテスト段階に入る。

☐ **pharmaceutical** 名 形 製薬(の)

DAY 4 接続詞・前置詞・接続副詞

5. Director Hong Deok Lee will send four of his staff to the training seminar in Busan, ------- the cost is within his departmental budget.

   (A) just as
   (B) provided that
   (C) whereas
   (D) rather than

6. ARKi News Channel provides weather information for the entire state ------- the station is known for its highly accurate reports.

   (A) and
   (B) but if
   (C) as
   (D) or

7. Improvements to automated processes at XFon Chemicals made production efficient; -------, quality was much improved.

   (A) otherwise
   (B) likewise
   (C) despite that
   (D) on the other hand

8. All department staff must attend the 8:30 AM meeting ------- going to their desks to start work for the day.

   (A) prior to
   (B) owing to
   (C) except
   (D) according to

Correct Answers

5. 正解 (B) 文 従属節は主節の「条件」 ★★★

解説 空所の後には完全な文が続くので、than が前置詞である (D) は不適。文意を見ると、前半は「ホンドク・リー取締役は、4 人のスタッフを釜山の研修セミナーに送るつもりだ」で、後半は「経費が部署の予算の範囲内である」。後半が前半の条件という関係なので、(B) provided that（〜という条件で）を選ぶ。

訳 ホンドク・リー取締役は、経費が部署の予算の範囲内なら、4 人のスタッフを釜山の研修セミナーに送るつもりだ。

□ **departmental** 形 部署の

6. 正解 (A) 文 空所の前後は順接の関係 ★

解説 選択肢はすべて接続詞なので、文意から選ぶ。前半は「ARKi ニューズ・チャンネルは州の全域に気象情報を配信する」、後半は「この局はきわめて正確な予報で知られる」。前後は等位で順接の関係と考えられるので、(A) and を選ぶ。

訳 ARKi ニューズ・チャンネルは州の全域に気象情報を配信しており、この局はきわめて正確な予報で知られる。

□ **state** 名 州　　□ **accurate** 形 正確な

7. 正解 (B) 文 セミコロンの前後の文の関係を見抜く ★★★

解説 文意を見ると、前半は「XFon 化学の自動工程に改良が加えられて生産が効率的になった」、後半は「品質が大きく向上した」。前半と後半は並列の関係。(B) likewise（同様に）を選ぶと前後がうまくつながる。(A) otherwise（そうでなければ）や (C) despite that（それにもかかわらず）、(D) on the other hand（一方）では論旨がおかしい。

訳 XFon 化学の自動工程に改良が加えられて生産が効率的になった。同様に、品質も大きく向上した。

□ **improvement** 名 改良；改善　　□ **efficient** 形 効率的な
□ **improve** 他 向上させる

8. 正解 (A) 文 空所の前後の時間関係を考える ★★

解説 空所の前後の attend the 8:30 AM meeting（8 時半の会議に出席する）と going to their desks to start work for the day（その日の仕事を始めるためにデスクに行く）の関係は、時間の前後関係である。したがって、(A) prior to（〜の前に）を選ぶ。他の選択肢は、(B) owing to（〜が原因で）、(C) except（〜以外は）、(D) according to（〜によると）。

訳 すべての部員は、デスクに行ってその日の仕事を始める前に、8 時半の会議に出席しなければならない。

9. Rhonda Lowell managed the Penang branch of Zarga Trading Co. for four years; ------- she learned many local business customs along the way.

(A) nonetheless
(B) as much as
(C) wherever
(D) incidentally

10. The Markel-Ice refrigerator comes with a five-year warranty, ------- it is limited to the internal moving parts.

(A) either
(B) but
(C) nor
(D) or

11. Bob Tilden has never invested in real estate; -------, he carefully watches property values.

(A) nevertheless
(B) similarly
(C) indeed
(D) moreover

12. Amanda Chow will remain in the Hong Kong branch ------- her application to work in the Santiago office is approved.

(A) aside
(B) unless
(C) without
(D) that

Correct Answers

9. 正解 **(D)**　文 空所の前後の文の関係を考える　★★★

解説　空所の後は完全な文なので、まず前置詞の as で終わる (B) as much as は除外できる。文意を見ると、前半は「ロンダ・ロウェルはザーガ貿易社のペナン支社を 4 年間運営した」、後半は「彼女はその過程で多くの地元の商慣習を学んだ」。前後は逆接の関係ではないので、(A) nonetheless（それにもかかわらず）は不適。(C) wherever は接続詞としても副詞としてもここでは使いようがない。話題の付加を示す (D) incidentally（ちなみに、ところで）を入れると前後がうまくつながる。

訳　ロンダ・ロウェルはザーガ貿易社のペナン支社を 4 年間運営した。ちなみに、彼女はその過程で多くの地元の商慣習を学んだ。

☐ **business customs** ビジネスの習慣

10. 正解 **(B)**　文 空所の前後の文は逆接の関係　★★

解説　カンマで区切られ、空所の前後はどちらも完全な文。接続副詞でない either や否定の呼応として使われる nor は無理。文意を見ると、前半は「マーケル・アイス冷蔵庫は 5 年間の保証が付いてくる」、後半は「それは内部の駆動部品に限られる」なので、逆接の接続詞の (B) but を入れるとすんなりとつながる。

訳　マーケル・アイス冷蔵庫は 5 年間の保証が付いてくるが、それは内部の駆動部品に限られる。

☐ **come with** 〜が付いてくる　　　☐ **warranty** 名 保証

11. 正解 **(A)**　文 セミコロンの前後の文は逆接の関係　★★

解説　選択肢はすべて副詞で文法的にはどれも可能性がある。文意を見ると、前半は「ボブ・ティルデンは不動産には投資したことがない」、後半は「彼は不動産の価値を注意深く見守っている」。逆接の接続副詞である (A) nevertheless（しかしながら）を入れるとうまくつながる。

訳　ボブ・ティルデンは不動産には投資したことがない。しかし、彼は不動産の価値を注意深く見守っている。

☐ **real estate** 不動産　　　☐ **property** 名 不動産

12. 正解 **(B)**　文 空所は文と文をつなぐ　★

解説　空所の前には will remain という動詞があり、空所の後ろにも is approved という動詞がある。したがって、空所には接続詞を入れて 2 文をつながなければならない。空所以降が否定の条件になると考えて、(B) unless（もし〜でないなら）を選ぶ。

訳　アマンダ・チョウは、サンチャゴ事務所で働くという彼女の申請が通らなかったら、香港支社にとどまるだろう。

☐ **application** 名 申請　　　☐ **approve** 他 承認する

13. City residents are enthusiastic about proposed renovations to the South Train Station; -------, 2,780 of them have commented positively online about the plans.

(A) instead
(B) similarly
(C) otherwise
(D) indeed

14. Scientists working in the Derfeld Robotics, Inc., laboratories have advanced graduate degrees ------- some of them have even won prestigious awards in their fields.

(A) but
(B) either
(C) and
(D) or

15. Marketing committee chairperson Andrei Tomasik is optimistic about an upcoming campaign; -------, he wants regular field updates on its progress.

(A) even so
(B) next
(C) finally
(D) then

16. Qunason Floor and Tile has expanded its Internet sales department, ------- larger numbers of customers are purchasing online.

(A) whoever
(B) since
(C) unless
(D) why

Correct Answers

13. 正解 **(D)** 文 セミコロンの前後の文の関係から選ぶ ★★

解説 選択肢はすべて副詞で文法的にはどれも可能性がある。文意を見ると、前半は「市民は計画されている南駅の改修を期待している」、後半は「彼らの2780人がこの計画にネットで好意的なコメントを寄せている」。(D) indeed（実際に）を入れるとうまくつながる。

訳 市民は計画されている南駅の改修を熱望している。実際に、彼らの2780人がこの計画にネットで好意的なコメントを寄せている。

- □ **be enthusiastic about** 〜について熱心である
- □ **renovation** 名 改修

14. 正解 **(C)** 文 空所の前後は順接の関係 ★★

解説 空所の前後には完全な文があるので、副詞の either は使えない。文意を見ると、前半は「ダーフェルド・ロボティクス社の研究所で働く科学者たちは大学院の最先端の学位をもっている」、後半は「彼らの何人かは自分の分野で名誉な賞も獲得している」なので、順接の接続詞の (C) and を選ぶ。

訳 ダーフェルド・ロボティクス社の研究所で働く科学者たちは大学院の最先端の学位をもっていて、そして、彼らの何人かは自分の分野で名誉ある賞も獲得している。

- □ **laboratory** 名 研究所
- □ **advanced** 形 高度な
- □ **graduate degrees** 大学院の学位
- □ **prestigious** 形 名誉な

15. 正解 **(A)** 文 セミコロンの前後は逆接の関係 ★★

解説 選択肢はすべて副詞または副詞句。文意を見ると、前半は「マーケティング委員会の会長アンドレイ・トマシクは次のキャンペーンに楽観的だ」、後半は「彼はその進行の定期的な現場報告を求めている」。逆接の関係なので、(A) even so（それでもなお）がぴったりである。

訳 マーケティング委員会の会長アンドレイ・トマシクは次のキャンペーンに楽観的だ。それでも、彼はその進行の定期的な現場報告を求めている。

- □ **upcoming** 形 次の
- □ **update** 名 最新報告

16. 正解 **(B)** 文 空所の後の従属節は理由を表す ★★

解説 空所の前後ともに完全な文で、カンマで区切られているので関係代名詞の whoever は無理。why も前の文につながらないので不可。文意を見ると、前半は「クナソン・フロア・アンド・タイルはインターネット販売部を拡大した」、後半は「ますます多くの顧客がネットで購入するようになっている」。後半が前半の理由を表すので、理由を表す従位接続詞の (B) since を選ぶ。

訳 ますます多くの顧客がネットで購入するようになっているので、クナソン・フロア・アンド・タイルはインターネット販売部を拡大した。

- □ **expand** 他 拡大する
- □ **purchase** 他 購入する

DAY 4 接続詞・前置詞・接続副詞

17. Jack Lim has extensive knowledge of computer hardware systems; -------, his software expertise is limited.

(A) for instance
(B) furthermore
(C) conversely
(D) at any rate

Ⓐ Ⓑ Ⓒ Ⓓ

18. Cionpo Art Gallery Director Franklin Decker is responsible for sales management ------- overall operations.

(A) in addition to
(B) in case of
(C) about
(D) regarding

Ⓐ Ⓑ Ⓒ Ⓓ

19. ------- the market challenges she faced, CEO Cassandra Rowland has been an exceptional leader.

(A) Though
(B) Considering
(C) As
(D) Because

Ⓐ Ⓑ Ⓒ Ⓓ

20. Kallon Appliances only orders goods from trusted suppliers, ------- its quality standards are always met.

(A) as soon as
(B) than
(C) in order that
(D) even

Ⓐ Ⓑ Ⓒ Ⓓ

Correct Answers

17. 正解 (C)　文 セミコロンの前後は逆接の関係　★★

解説 選択肢は形の上ではどれも可能。文意を見ると、前半は「ジャック・リムはコンピュータのハードウエアシステムに広範な知識をもっている」、後半は「彼のソフトウエアの専門知識は限られたものだ」なので、逆接の意味を持つ副詞の (C) conversely（逆に）を選ぶ。

訳 ジャック・リムはコンピュータのハードウエアシステムに広範な知識をもっている。逆に彼のソフトウエアの専門知識は限られたものだ。

- □ extensive　形 広範囲の
- □ expertise　名 専門知識
- □ limited　形 限られた

18. 正解 (A)　文 空所の前後の語を並列的に結ぶ　★★

解説 空所の前後を見ると、sales management（販売管理）と overall operations（全般的な運営）は並列の関係で、どちらにも responsible for（～に責任がある）がかかっている。(A) in addition to（～に加えて）を入れると、「運営全般に加えて販売管理にも」となり文意が通る。

訳 シオンポ・アートギャラリーのフランクリン・デッカー館長は、運営全般に加えて、販売管理にも責任を負う。

- □ overall　形 全般的な
- □ operation　名 運営

19. 正解 (B)　文 空所の後は名詞　★★★

解説 空所の後には名詞がきていて、カンマまでが句なので、空所に入るのは前置詞である。まず、接続詞の (A) Though と (D) Because を除外できる。文意を見ると、「彼女が直面した市場の難局」を「カサンドラ・ロウランド CEO はずっと類い稀なリーダーである」につなげるのは、(B) Considering（～を考慮すると）がぴったりである。(A) As は前置詞でも使えるが、「～として」でも「～のとき」でも文意には合わない。

訳 彼女が直面した市場の難局を考えるなら、カサンドラ・ロウランド CEO はずっと類い稀なリーダーである。

- □ exceptional　形 類い稀な

20. 正解 (C)　文 空所の後は主文の目的を表す　★★★

解説 空所の後には完全な文が続いているので、空所には接続詞が入る。接続詞の働きをするのは (A) as soon as（～するとすぐに）か (C) in order that（～が…するために）だが、as soon as では意味が通らない。目的を表す in order that を選べば、「その品質基準がいつも守られるように」と文意が通る。(C) が正解。

訳 その品質基準がいつも守られるように、カロン家電は信頼できるサプライヤーだけに品物を発注する。

- □ appliance　名 家電製品
- □ supplier　名 サプライヤー；納入業者

DAY 4　接続詞・前置詞・接続副詞

Column 英文法ワンポイント ❹

名詞節・形容詞節・副詞節

「節」とは、2語以上から成り、主語・動詞があるものです。節には「名詞節」「形容詞節」「副詞節」の3種類があります。

〈名詞節〉 節全体が名詞の役割をする。

I don't know what you mean.
S　V　　　　O

あなたの言っていることがわかりません。
＊ what you mean の節が目的語、つまり名詞として機能している。

〈形容詞節〉 節全体が形容詞の役割をする。

Jim is the partner who has worked with me for ten years.

ジムは10年間一緒に働いているパートナーです。
＊ who 以下の節が、名詞の partner を修飾している。

〈副詞節〉 節全体が副詞の役割をする。

If I were you, I would accept the offer.

もし私があなたなら、その申し出を受けるでしょうね。
＊ If の節（従属節）が動詞の accept にかかっている。

《落とし穴》

時や条件を表す副詞節では、未来のことも現在形で表します。

I'll discuss the matter when he comes.　〈時を表す副詞節〉
彼が来たらその件について話します。　　現在形

I don't know when he will come.　〈時を表す名詞節〉
彼がいつ来るか知りません。　未来形

I'll visit you if time permits.　〈条件を表す副詞節〉
時間が許せばお訪ねします。現在形

DAY 5

相関語句・イディオム

Part 5 には相関語句やイディオム・動詞句も出題されます。相関語句の頻出のものは決まっているので、それらを押さえておきましょう。イディオムや動詞句は、ビジネスでよく使う基本的なものが出題の中心です。

解法 **18** 相関語句は基本を押さえれば十分 ……………… 92

解法 **19** 頻出イディオムは繰り返し出題される ……… 93

解法 **20** ビジネス動詞句に焦点を絞れ ……………… 94

解法 18 相関語句は基本を押さえれば十分

　相関語句とは、前後の 2 つの語句が関連し合って 1 つの意味をもつ表現です。つまり、設問文の中に一方の語句を見つければ、もう一方がすぐにわかるわけです。

　TOEIC では次の相関語句がよく出ます。いずれも中学・高校で習ったものばかりですが、Part 5 では長めのビジネス文で使われます。見かけに惑わされずに対応しましょう。

頻出の相関語句

〈both A and B〉（A も B も）

This game is suitable for both children and adults.
このゲームは子供にも大人にも適している。

〈either A or B〉（A か B のどちらか）

Either you or I should pick up the client at the airport.
あなたか私のどちらかが空港でクライアントを出迎えるのがいい。

〈neither A nor B〉（A も B も〜ない）　✔ nor は or でも可。

I have neither a credit card nor a driver's license.
私はクレジットカードも運転免許証ももっていません。

　✔〈not 〜 A or B〉も「A でも B でもない」を表せる。

I don't have a credit card or driver's license.　✔ or は nor でも可。

〈not A but B〉（A ではなく B）

〈not only A but also B〉（A ばかりでなく B もまた）　✔ also は省略可。

〈so 形容詞・副詞 that 〜〉（とても…なので〜）

The budget is so tight that we can't invest in the venture.
予算がとてもきついので、我々はその事業に投資できない。

〈such 名詞 that 〜〉（とても…なので〜）

We have such a tight budget that we can't invest in the venture.
我々の予算はとてもきついので、我々はその事業に投資できない。

〈whether A or B〉（A か B か）

Can you tell me later whether the client likes our proposal or not?
クライアントが私たちの提案を気に入ったかどうか後で教えてください。

> **例題 1** Unfortunately, the Ross Coffee Co. marketing campaign ------- increased sales nor raised brand awareness.
>
> (A) neither
> (B) not yet
> (C) none
> (D) negatively
>
> Ⓐ Ⓑ Ⓒ Ⓓ

正解 (A) 速 空所の後の nor に注目

解説 空所の後の nor に注目する。nor をはさんで increased sales（売り上げを増やした）と raised brand awareness（ブランドの認知を高めた）を並列させている。nor に呼応する (A) neither を空所に入れれば、「売り上げを増やした」と「ブランドの認知を高めた」の両方を否定することができる。

訳 不運にも、ロス・コーヒー社の拡販キャンペーンは売り上げを増やしもしなかったし、ブランドの認知を高めることもなかった。

解法 19 頻出イディオムは繰り返し出題される

Part 5 と 6 に特徴的なイディオムは繰り返し出題されています。まず、頻出のものをおさえておきましょう。覚えるときにはどの前置詞・副詞を使うのかに注意するようにしてください。

頻出イディオム

according to（〜によれば） ✔ 参照元を示す。
as for（〜については） ✔ 話題を文頭で示す。regarding も同意（文尾でも可）。
as of（〜の時点で） ✔ 一時点を示す。
contrary to（〜に反して） ✔ 論旨を転換する。
due to / because of（〜のために） ✔ 原因・理由を表す。
in accordance with（〜に従って） ✔ 規則などに従っていることを示す。
in charge of（〜を担当して） ✔ 担当の仕事を示す。
in conjunction with（〜とともに；〜と関連して） ✔ 連動・関連を示す。
in spite of（〜にもかかわらず） ✔ 文の趣旨と逆のものを示す。
in terms of（〜の観点から） ✔ 話の観点を明示する。
instead of（〜の代わりに） ✔ 否定するものを示す。
next to（〜の隣に） ✔ すぐ隣にあるものを示す。

on behalf of（〜を代表して） ✔ 何の代表であるかを示す。
regardless of（〜に関係なく） ✔ 関係がないものを示す。
up to（〜次第で；〜まで） ✔ 決定権を示す。また、限界を示す。

例題 2　The TV series *Action Beach* became popular ------- its small budget.

(A) the opposite
(B) in spite of
(C) not because
(D) as yet

Ⓐ Ⓑ Ⓒ Ⓓ

正解 (B)　🔵 空所の後は逆の内容

解説　空所の前は became popular（人気が出た）で、後は its small budget（低予算）で矛盾する内容になっている。また、空所の後は名詞なので前置詞（句）でなければならない。(B) in spite of（〜にもかかわらず）を入れると、「低予算にもかかわらず人気が出た」となり、文意が通る。

訳　テレビのシリーズ番組である『アクション・ビーチ』は低予算にもかかわらず人気が出た。

解法 20　ビジネス動詞句に焦点を絞れ

　動詞句とは、〈動詞 + 前置詞〉〈動詞 + 副詞〉の決まった結びつきを言います。Part 5 と 6 でよく出題される動詞句は国際ビジネスでよく使われるものです。別の言い方をするなら、ネイティブスピーカーがよく使うものであっても、ノンネイティブが使わないものは出題されません。したがって、基本的なビジネス動詞句をおさえることに焦点を絞りましょう。

　覚えるときは動詞と結びつく前置詞・副詞を意識しましょう。動詞句の意味は動詞や前置詞・副詞から類推できるものもありますが、それはあくまで一部です。そのままの形で覚えるのが基本です。また、後に続く典型的な目的語と組み合わせると、イメージしやすくなります。

頻出の動詞句

adhere to local custom（地元の慣習に従う）
approve of a plan（計画を承認する）
benefit from an investment（投資から利益を得る）

call for a vote（採決を求める）
carry out an experiment（実験を行う）
come up with a good idea（いいアイデアを思いつく）
comply with state laws（州法に従う）
deal with customer complaints（顧客のクレームに対処する）
depend on a person（その人次第だ、人に頼る）
draw up a campaign plan（販促計画を作成する）
go over a draft（草案を確認する）
hand in a report（報告書を提出する）
look forward to a reply（返答を楽しみに待つ）
make up for losses（損失を埋め合わせる）
order from a supplier（サプライヤーに注文する）
refrain from flash photography（フラッシュ撮影を控える）
sign up for a convention（大会に登録する）
suffer from an economic downturn（景気の減速に苦しむ）
take over a position（職位を引き継ぐ）
turn down an offer（オファーを辞退する）

例題 3　Companies operating within this province must ------- regulations on worker safety.

(A) go along
(B) comply with
(C) make up for
(D) agree to

正解 **(B)**　速 空所には regulations（規則）が続く

解説　空所の後の regulations（規則）を目的語として続けられる意味の動詞句を探す。(B) comply with は「～を遵守する；～に従う」という意味なので、これが正解。他の選択肢は、(A) go along（進行する；[人に] 同行する）、(C) make up for（～を埋め合わせる）、(D) agree to（[意見などに] 同意する）。

訳　この州で活動する企業は労働者安全規則を遵守しなければならない。

Exercises

Score 600	Score 730	Score 860
10 min.	9 min.	8 min.

空所に最適な語句を入れてください。

1. Angelica Hernandez always motivates her team to do its best, ------- a project is challenging or relatively easy.
   - (A) and
   - (B) whether
   - (C) either
   - (D) as   Ⓐ Ⓑ Ⓒ Ⓓ

2. ------- market share, Laikt Biotechnologies is the largest company in its industry.
   - (A) In terms of
   - (B) Like
   - (C) In connection with
   - (D) On the part of   Ⓐ Ⓑ Ⓒ Ⓓ

3. Companies planning to start operations locally must first register their operations ------- provincial laws.
   - (A) such as
   - (B) as an example of
   - (C) in accordance with
   - (D) in order to   Ⓐ Ⓑ Ⓒ Ⓓ

4. Yuri Maeda had to ------- talking with her staff when an important client unexpectedly arrived at Summers and Packard Law Offices.
   - (A) bind up
   - (B) put off
   - (C) send back
   - (D) wait up for   Ⓐ Ⓑ Ⓒ Ⓓ

Correct Answers

1. 正解 (B)　文 空所の後は節で、or がある　★★

解説 空所の後に or があり challenging（難しい）と relatively easy（比較的簡単だ）が並列されている。or との呼応を考えると、(B) whether か (C) either だが、either は「〜か〜のどちらか」の意味で主節にうまくつながらない。(B) whether を入れると「プロジェクトが難しくても比較的簡単でも」と譲歩節ができて文意も通る。

訳 プロジェクトが難しくても比較的簡単でも、アンジェリカ・ヘルナンデスはいつもチームにベストを尽くすよう鼓舞する。

- □ **motivate** 他 鼓舞する
- □ **challenging** 形 難しい
- □ **relatively** 副 比較的に

2. 正解 (A)　文 文全体を見る　★★

解説 market share（市場占有率）と is the largest company in its industry（業界で最大手の会社である）との関係を考える。「観点」を示す (A) In terms of（〜の点で）が最適である。他の選択肢は、(B) Like（〜のように）、(C) In connection with（〜との関係で）、(D) On the part of（〜の一部で）。

訳 市場占有率という点においては、ライクト・バイオテクノロジーズは業界最大手の会社だ。

- □ **market share** 市場占有率
- □ **biotechnology** 名 生命工学

3. 正解 (C)　文 provincial laws がヒントに　★★★

解説 空所の後には provincial laws（州法）が続き、また助動詞の must が使われている。したがって、文脈は「州法に従って〜しなければならない」だと予測できる。「〜に従って」の意味をもつのは (C) in accordance with である。

訳 地元で事業を始めようとする会社は、州法にしたがってまずその事業を登記しなければならない。

- □ **locally** 副 地元で
- □ **register** 他 登記する；登録する
- □ **provincial** 形 地方の

4. 正解 (B)　文 when 以下がヒントに　★★

解説 when an important client unexpectedly arrived（重要なクライアントが突然訪ねてきたとき）なので、talking with her staff（スタッフとの話し合い）は「延期する」ことが想定できる。(B) put off が正解。他の動詞句は、(A) bind up（〜を束ねる）、(C) send back（〜を返送する）、(D) wait up for（寝ないで〜を待つ）。

訳 重要なクライアントが突然サマーズ・アンド・パッカード法律事務所を訪ねてきたとき、ユリ・マエダはスタッフとの話し合いを延期しなければならなかった。

- □ **unexpectedly** 副 思いがけなく；突然

5. Kylen Textile, Inc., is determined to reach its cost control targets, ------- many significant obstacles.
   - (A) regardless of
   - (B) not
   - (C) as opposed to
   - (D) neither

6. Eve Simmons received the courier's documents ------- her colleague, who was not in the office.
   - (A) in response to
   - (B) as with
   - (C) on behalf of
   - (D) with respect to

7. Fredericka Rooker's work crew brought more boxes out of storage after they had ------- up all of the ones they had in the warehouse.
   - (A) continued
   - (B) used
   - (C) stated
   - (D) checked

8. Built 120 years ago, Wahdi Financial Building was ------- down last month amid plans to construct an 80-level skyscraper on the site.
   - (A) hit
   - (B) sorted
   - (C) torn
   - (D) finished

Correct Answers

5. 正解 (A) 文の論旨を確認 ★★

解説 空所の前の is determined to reach its cost control targets（経費抑制目標を達成する決意だ）と後の many significant obstacles（多くの重大な障害）は相反する関係である。空所の後は名詞なので逆説の意味を表す前置詞（句）が入る。(A) regardless of は「〜にかかわらず」の意味なので、これが適切。(C) as opposed to は「〜と対照的に」の意味で、文脈に合わない。

訳 キレン・テキスタイル社は、多くの重大な障害があるものの、経費抑制目標を達成する決意だ。

□ **be determined to** 〜する決意である　□ **significant** 形 重大な
□ **obstacle** 名 障害

6. 正解 (C) who 以下がヒントに ★★

解説 空所の後は her colleague（彼女の同僚）で、その同僚は who 以下で「オフィスにいなかった」ことがわかる。したがって、シモンズは同僚に「代わって」書類を受け取ったことが推測できる。「〜に代わって」の意味をもつ (C) on behalf of が正解である。他の選択肢は、(A) in response to（〜に応えて）、(B) as with（〜と同様に）、(D) with respect to（〜に関して）。

訳 イブ・シモンズは、外出中の同僚に代わって配送業者の書類を受け取った。

□ **courier** 名 配送業者　　　　　　　□ **colleague** 名 同僚

7. 正解 (B) 主文の brought more boxes 〜がヒントに ★

解説 brought more boxes out of storage（保管していた箱をさらに持ってきた）のは、all of the ones を「使ってしまった」からだと推測できる。use up で「使い切る」の意味なので (B) が正解となる。

訳 フレデリカ・ルーカーの作業チームは、倉庫にあった箱をすべて使い切った後、保管していた箱をさらにもってきた。

□ **storage** 名 保管（庫）　　　　　□ **warehouse** 名 倉庫

8. 正解 (C) Building に注目して、文意をつかむ ★★★

解説 plans to construct an 80-level skyscraper on the site（その敷地に80階建ての高層ビルを建設するという計画）があるさなかに、Wahdi Financial Building という建物がどうなったのかを考える。直後の down と組み合わせて文意に合うのは (C) torn である。tear down で「取り壊す」という意味になる。

訳 120年前に建てられたワーディ・フィナンシャル・ビルは、その敷地に80階建ての高層ビルを建設するという計画が持ち上がるなか、先月解体された。

□ **amid** 前 〜の中で　　　　　□ **level** 名 階
□ **skyscraper** 名 高層ビル　　□ **site** 名 敷地

9. Ingrid Adamcik created a computer model of an aircraft concept ------- sophisticated software.

(A) corresponding to
(B) just as
(C) in keeping with
(D) by means of

10. As maintenance committee chairperson, Lyle Seaton usually requires that members ------- the agenda, instead of discussing other topics.

(A) run into
(B) take after
(C) stick to
(D) chip in

11. Chantel Silvers was promoted to research and development manager ------- her excellent work within that department over 16 years.

(A) owing to
(B) along with
(C) on the subject of
(D) so that

12. Guides on the White Mountain Experience tour will ------- interesting landmarks along the way.

(A) act out
(B) answer back
(C) look ahead
(D) point out

Correct Answers

9. 正解 (D) software は手段である ★★

解説 空所の後は sophisticated software（高度なソフト）。それをどのようにして a computer model of an aircraft concept（航空機のコンセプトのコンピュータモデル）を作成したのかを考える。「高度なソフトを使って」だと推測できるので、手段を導く (D) by means of が正解になる。

訳 イングリッド・アダムシクは、高度なソフトを使って、航空機のコンセプトのコンピュータモデルを作成した。

☐ **concept** 名 コンセプト；概念　　☐ **sophisticated** 形 高度な；精巧な

10. 正解 (C) instead of 〜がヒントに ★★

解説 the agenda（議題）を目的語にとり、また instead of discussing other topics（他のテーマを話し合うのではなく）と対照されていることを考えると、(C) stick to（従う）が最適。他の動詞句は、(A) run into（〜に偶然出会う）、(B) take after（〜に似ている）、(D) chip in（寄付をする）。

訳 ライル・シートンは保守管理委員会の会長として通常、メンバーが他のテーマを話し合うことなく、議題に従うことを求める。

☐ **agenda** 名 議題　　☐ **instead of** 〜ではなく

11. 正解 (A) 文全体で考える ★★

解説 was promoted to research and development manager（研究開発部長に昇格した）ことと her excellent work（彼女の優れた働きぶり）は、結果と原因の関係である。したがって、因果関係を表せる (A) owing to（〜のために）が正解となる。

訳 チャンテル・シルバーズは 16 年間にわたる研究開発部での優れた働きぶりのため、同部の部長に昇格した。

☐ **be promoted to** 〜に昇格する
☐ **research and development** 研究・開発

12. 正解 (D) 目的語との関係だけで解ける ★★

解説 Guides（ガイド）が interesting landmarks（興味深い見所）をどうするかを考えれば、(D) point out（指摘する；教える）が適切とわかる。他の動詞句は、(A) act out（演じる；行動で示す）、(B) answer back（言い返す）、(C) look ahead（先のことを考える）。

訳 ホワイトマウンテン体験ツアーのガイドは途中の興味深い見所を教えてくれる。

☐ **landmark** 名 見所

13. During his logistics seminar, Ali Barazani ------- the topic of shipment-related software being both efficient and up-to-date.

(A) reached out
(B) went over
(C) caught up
(D) touched base

Ⓐ Ⓑ Ⓒ Ⓓ

14. The Web marketing campaign for Fast Streets athletic gear was launched ------- magazine advertisements.

(A) as a fraction of
(B) in conjunction with
(C) although
(D) in the habit of

Ⓐ Ⓑ Ⓒ Ⓓ

15. ------- Qasim Shalhoub, Mary Shapiro works during the night shift at the paper mill.

(A) With reference to
(B) As concerns
(C) Either
(D) In contrast to

Ⓐ Ⓑ Ⓒ Ⓓ

16. After retiring as founder and CEO of HV Tech Co., Nicoleta Taranu plans to ------- down in Toronto and follow her charity work plans.

(A) settle
(B) find
(C) release
(D) divert

Ⓐ Ⓑ Ⓒ Ⓓ

Correct Answers

13. 正解 (B) 文 seminar と topic に注目 ★★

解説 seminar（セミナー）の中で、the topic of shipment-related software（配送関連ソフトの話題）をどうしたかを考える。go over は「〜を話題にする」という意味があるので、(B) を選ぶ。他の動詞句は、(A) reach out（手を伸ばす）、(C) catch up（追いつく）、(D) touch base（連絡をとる）。

訳 アリ・バラザニは彼の物流管理セミナーのなかで、効率的で最新の配送関連ソフトの話題を取り上げた。

- □ **logistics** 名 物流管理
- □ **shipment** 名 配送
- □ **efficient** 形 効率的な
- □ **up-to-date** 形 最新の

14. 正解 (B) 文 主語と空所以下の関係を考える ★★★

解説 The Web marketing campaign（ウェブ販促キャンペーン）と magazine advertisements（雑誌の広告）がどういう関係で開始された（was launched）のかを考える。(B) in conjunction with は「〜と同時に；〜と併せて」という意味なので、これが正解である。(C) although（〜だけれども）は接続詞なので、文法的に無理。他の選択肢は、(A) as a fraction of（〜の一部として）、(D) in the habit of（〜する習慣で）。

訳 ファースト・ストリーツの運動用品のウェブ販促キャンペーンは、雑誌の広告と同時に始められた。

- □ **athletic gear** 運動用品
- □ **launch** 他 始める

15. 正解 (D) 文 2人の人物を対比させる ★★

解説 空所の後の Qasim Shalhoub と主語の Mary Shapiro はどちらも人の名前。2人の関係を考えることがポイント。(D) In contrast to（〜とは対照的に）を入れると、「カシム・シャルーブとは対照的に、メアリー・シャピロは〜」となり、文意が通る。(A) With reference to（〜に関連して）、(B) As concerns（〜に関して）では意味が通らない。(C) Either は副詞・形容詞・代名詞なので、ここに使うのは無理。

訳 カシム・シャルーブとは対照的に、メアリー・シャピロは製紙工場で夜勤で働く。

- □ **night shift** 夜勤
- □ **paper mill** 製紙工場

16. 正解 (A) 速 down in との関係だけで解ける ★★

解説 空所の後は down in Toronto と続いている。settle down in で「〜（場所）に居を定める」という意味になるので、(A) が正解となる。settle in でも同様の意味。他の選択肢の動詞は down と結びつかない。なお、(D) divert は「転換する」「楽しませる」などの意味。

訳 HVテック社の創業者でCEOであるニコレッタ・タラヌは、退職した後はトロントに居を定めて、彼女の慈善事業の計画を実行するつもりだ。

- □ **founder** 名 創業者
- □ **charity work** 慈善事業

17. Although revenue at Kaso Engineering, Inc., fell in the third quarter, the company was able to ------- for that by increasing it significantly in the fourth.

(A) cut out
(B) make up
(C) narrow down
(D) fall off

18. ------- Syloon Media, it focuses on producing movies and animation for children and teenagers.

(A) As for
(B) In line with
(C) Across from
(D) Instead of

19. Fraven Pipe Co. ------- 10 percent of its yearly net income to add to its equipment budget.

(A) tries out
(B) sets aside
(C) bends over
(D) switches off

20. Hootai Art Museum will ------- reserved spots for employee parking, to ensure that visitors have places for their vehicles.

(A) phase out
(B) sign with
(C) own up
(D) rub off on

Correct Answers

17. 正解 **(B)**　文 主節と従属節の関係を考える　★★

解説　従属節には revenue 〜 fell in the third quarter（第3四半期に収入が落ちた）とあることから、主節で increasing it significantly in the fourth（第4四半期にはそれを大きく伸ばすこと）によってどうしたかを考える。空所の直後の for とも結びつかなくてはならない。(B) make up を選べば、make up for（〜を埋め合わせる）となり文意も通る。(A) は cut out for で「〜に向いている」。(C) narrow down（絞り込む）と (D) fall off（離れ落ちる；減少する）は for と結びつかない。

訳　ケイソ・エンジニアリング社の収入は第3四半期には減少したが、第4四半期に大きく伸ばしてその埋め合わせをすることができた。

☐ **revenue** 名 収入　　　　　☐ **significantly** 副 大幅に

18. 正解 **(A)**　文 空所は話題を導入するイディオム　★★

解説　カンマの後ろの it は Syloon Media を受けている。つまり、空所にはこの文の話題が Syloon Media であることを明示する言葉が入る。したがって (A) As for（〜については）が正解。他の選択肢は (B) In line with（〜に合致して）、(C) Across from（〜の向かいに）、(D) Instead of（〜と違って）。

訳　サイルーン・メディアについては、それは子供と10代向けの映画とアニメの制作に集中している。

☐ **focus on** 〜に集中する

19. 正解 **(B)**　速 目的語との相性だけで解ける　★★

解説　目的語の net income（純利益）に合うものを考えると、(B) sets aside（確保しておく）が最適。他の選択肢は、(A) try out（試してみる）、(C) bend over（腰をかがめる）、(D) switch off（スイッチを切る）。

訳　フレイヴァン・パイプ社は、機器類の予算に充てるために年間の純利益の10%を確保しておく。

☐ **equipment** 名 機器

20. 正解 **(A)**　文 文全体で考える　★★★

解説　to ensure that visitors have places for their vehicles は「訪問客の車のスペースを確保するために」。そのため、reserved spots for employee parking（職員の指定駐車場）をどうするかを考えると、(A) phase out（徐々に廃止する）が適当である。他の動詞句は、sign with（〜と契約を結ぶ）、own up（告白する）、rub off on（〜に付着する；〜に影響を与える）。

訳　フータイ美術館は、訪問客の車のスペースを確保するために、職員の指定駐車場所を廃止する。

☐ **ensure** 他 確実に〜する

Column 英文法ワンポイント❺
注意したい時制

TOEICでは特殊な時制が問われることがあります。

● **現在完了進行形**〈have been + 現在分詞〉
動作を表す動詞を継続の現在完了で使用するときにこの形になる。

She has been reading the document since receiving it.
彼女は受け取ってからずっとその書類を読んでいる。

● **未来完了形**〈will have + 過去分詞〉
未来のある時点での、動作や状態の継続・経験・結果を表す。現在完了が時間的に未来になった形で、未来の時点の言葉といっしょに使われる。

We will have finished this project by next weekend.
来週末にはこのプロジェクトを終えているだろう。

● **未来完了進行形**〈will have been + 現在分詞〉
未来の一時点まで継続している動作を表す。

As of next month, the boss will have been leading this branch for ten years.
来月で、上司はこの支社を10年間率いてきたことになる。

DAY 6

動詞を選ぶ

Part 5 と 6 には、「動詞」「形容詞・副詞」「名詞」のそれぞれの品詞別に、最適のものを選ぶ問題が出題されます。語彙問題ですが、文法的な視点や文脈の理解も求められます。まず、動詞から見ていきましょう。

- **解法 21** 目的語との相性に注目する ………………… 108
- **解法 22** コロケーションを見抜け ………………… 109
- **解法 23** 自動詞か他動詞かを見極める ………………… 110

解法 21 目的語との相性に注目する

　動詞の問題はまず目的語との相性を考えましょう。目的語との相性だけで適当な動詞を絞り込むことができる問題もあります。これで解ければ数秒で完了できます。

　他動詞は直接に目的語を従え、自動詞は前置詞を介して目的語を従えます。

　目的語を見て解決しなければ、文の他の部分から選択肢を絞るキーワードを見つけて解答します。

　いずれにしても、語彙問題はその単語を知っているかどうかがポイントです。時間を節約するためにも、すばやく判断をしましょう。わからなければ長考をせずに適当にマークして次に進むことです。

（目的語との相性）

We must ------- the sales report by Wednesday.
私たちは水曜までに売り上げ報告書を提出しなければならない。

選択肢例　(A) try　　　(B) submit　　(C) notice　　(D) exchange
　　　　　　試みる　　　　提出する　　　　気づく　　　　交換する

✔ 目的語である report（報告書）は submit（提出する）と関係が深い。

（文全体を見る）

We will ------- all of our new products at the upcoming trade fair.
私たちは次の貿易見本市で新製品をすべて展示する予定だ。

選択肢例　(A) send　　　(B) receive　　(C) locate　　(D) exhibit
　　　　　　送付する　　　受け取る　　　　見つける　　　展示する

✔ 目的語の new products だけでは判断できず、trade fair まで見なければならない。

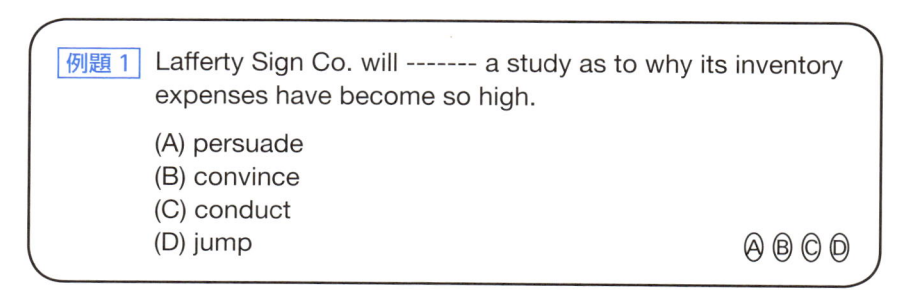

例題 1　Lafferty Sign Co. will ------- a study as to why its inventory expenses have become so high.

(A) persuade
(B) convince
(C) conduct
(D) jump

Ⓐ Ⓑ Ⓒ Ⓓ

> **正解** **(C)** 速 study との相性

> **解説** 空所には動詞が入るので、目的語となる a study（調査）との相性を考える。選択肢は、(A) persuade（説得する）、(B) convince（納得させる）、(C) conduct（行う）、(D) jump（跳ぶ）なので、(C) が正解である。conduct は study のほか、review（検討）、survey（調査）、campaign（キャンペーン）などを目的語にとる。

> **訳** ラファティ・サイン社は、なぜ在庫経費がこれほど高くなったかについて調査をする予定だ。

解法 22 コロケーションを見抜け

英語には〈動詞 + 目的語〉の決まったつながりがあります。これをコロケーションと言います。このコロケーションに注目すれば、目的語を見るだけで空所の動詞を確定できます。

ビジネスでよく使うコロケーションを覚えておきましょう。ビジネスでよく使うものは TOEIC でも出題される可能性が高くなります。以下のリストは、実際に TOEIC に出題されたもの、出題されそうなものを取り上げています。

要注意のコロケーション

assume a position 職位に就く　　**bear fruit** 実を結ぶ
break ground 着工する　　**deliver a speech** 演説をする
do harm [good] 害を及ぼす［役に立つ］
file a complaint [claim] 苦情を申し立てる
hold a meeting 会議を開く　　**make efforts** 努力をする
make progress [advance] 進歩する
meet a deadline 締め切りを守る　　**meet requirements** 要件を満たす
pay attention 注意を払う　　**place an order** 注文する
play a role 役割を果たす　　**raise money** 資金を調達する
seal [finalize] a contract 契約に調印する［契約をまとめる］
split the bill 割り勘にする
strike [land / make] a deal 取引をまとめる
take action 行動を起こす　　**take effect** 効力を発揮する
take notes [minutes] 記録［議事録］を取る
take shape 形になる、具体化する
throw [have] a party パーティーを開く

> **例題 2** Alejandro Cabrera called a vendor to ------- an order for restaurant equipment.
>
> (A) wish
> (B) place
> (C) regard
> (D) step
>
> Ⓐ Ⓑ Ⓒ Ⓓ

正解 **(B)**　速 an order との慣用的な関係

解説　目的語が an order（注文）なので、これと結びつく相性のいい動詞を探す。place an order は決まった言い方で「注文する」の意味でよく使う。(B) が正解。

訳　アレハンドロ・カブレラはサプライヤーに電話して、レストランの器材を注文した。

解法 23 自動詞か他動詞かを見極める

　動詞の問題を解く際のポイントになるのが自動詞・他動詞の見極めです。他動詞は直接に目的語を続けられますが、自動詞は前置詞を介して目的語を続けなければなりません。

〈他動詞 + 目的語〉

〈自動詞 + 前置詞 + 目的語〉

　また、自動詞には定型的に結びつく前置詞があります。〈rely + on〉（〜に頼る）、〈concentrate + on〉（〜に集中する）、〈participate + in〉（〜に参加する）などです。

　他動詞でも〈他動詞 + A + 前置詞 + B〉の形で、特定の前置詞が使われるものがあります。〈prefer A to B〉（B より A を好む）、〈prevent A from B〉（A が B するのを妨げる）、〈replace A with B〉（A を B と交替させる）

　こうした前置詞との結びつきがある動詞なら、前置詞を見ることで正解を導けることがあります。

まぎらわしい自動詞・他動詞

　自動詞・他動詞の中には日本の学習者が間違って逆に覚えてしがちなものがあります。その誤解は日本語の意味との関係で生じます。discuss を「〜に

ついて話し合う」と覚えると、自動詞のように思えますが、実際には discuss は他動詞で直接に目的語を続けられます。

● **自動詞と思われがちな他動詞**

marry（〜と結婚する）	**marry her**（彼女と結婚する）
reach（〜にたどり着く）	**reach a conclusion**（結論に達する）
enter（〜に入る）	**enter a room**（部屋に入る）
attend（〜に出席する）	**attend a meeting**（会議に出席する）
oppose（〜に反対する）	**oppose a proposal**（提案に反対する）

● **他動詞と思われがちな自動詞**

reply to（〜に返事をする）	**graduate from**（〜を卒業する）
apologize to（〜に詫びる）	**complain about**（〜についてクレームを言う）
compete with（〜と競争する）	**proceed with**（〜を進行する）
preside over（〜の司会をする）	**arrive in**（〜に到着する）

● **ペアで覚えたい自動詞・他動詞**

rise（上がる）**-rose-risen** ……… **raise**（上げる）**-raised-raised**
lie（横たわる）**-lay-lain** ……… **lay**（横たえる）**-laid-laid**

> 例題 3　Job-seekers can use Greatzjobz.nz to ------- for numerous positions online.
>
> (A) apply
> (B) get
> (C) contact
> (D) make
>
> Ⓐ Ⓑ Ⓒ Ⓓ

正解 (A) 🏃 空所の直後の for に注目

解説 numerous positions は「たくさんのポスト（仕事）」の意味。for と組み合わせて positions に結びつく動詞を探す。apply for で「〜に応募する」の意味になるので (A) が正解となる。

訳 求職者は Greatzjobz.nz を利用して、オンラインで数多くのポストに応募できる。

Exercises

空所に最適な語句を入れてください。

1. Burke Sausages, Inc., could ------- operations for 10 days at its Savannah factory to make production changes.

(A) imply
(B) suspend
(C) distract
(D) annoy

2. The Environment Ministry is responsible for ------- soil, water and air quality and preserving natural resources.

(A) monitoring
(B) looking
(C) handing
(D) caring

3. Consumer goods prices rose during the first quarter of the year and then ------- during the second one.

(A) determined
(B) stabilized
(C) approved
(D) managed

4. After declining to renew its office lease, Treblon Game Co. had to ------- the premises by June 30.

(A) vacate
(B) base
(C) direct
(D) regroup

Correct Answers

1. 正解 **(B)** 速 目的語 operations との相性 ★★

解説 目的語の operations（操業）からほぼ (B) suspend に絞れるが、to make production changes（生産の変更を行うために）という状況もおさえればより確実。他の選択肢は、(A) imply（ほのめかす）、(C) distract（紛らわす）、(D) annoy（悩ます；困らせる）。

訳 バーク・ソーセージズ社は生産の変更を行うために、サヴァンナ工場の操業を10日間にわたり中断することができた。

☐ **operation** 名 操業

---

2. 正解 **(A)** 文 目的語と主語を見る ★★

解説 The Environment Ministry（環境省）が責任を持って、soil, water and air quality（土壌・水・大気の質）をどうするかを考えると monitor（監視する）が適切なので、(A) を選ぶ。(B) の look なら look after（～の面倒を見る）などにする必要がある。(D) の care も care for なら「～の面倒を見る」となり、正解になりうる。

訳 環境省は土壌・水・大気の質を監視して、天然資源を保全する責任を負っている。

☐ **soil** 名 土壌　　　☐ **preserve** 他 保全する
☐ **natural resources** 天然資源

---

3. 正解 **(B)** 速 主語を見る ★★

解説 主語が Consumer goods prices（消費財の価格）なので、それに合った動詞は (B) stabilized（落ち着いた）だけである。他の選択肢は、(A) determined（特定した；決定した）、(C) approved（承認した）、(D) managed（管理した）。

訳 消費財の価格は第1四半期に上昇して、その後、第2四半期には落ち着いた。

☐ **consumer** 名 消費者

---

4. 正解 **(A)** 文 目的語 the premises との相性 ★★★

解説 the premises（オフィス）をどうしなければならないかを考えれば解ける。declining to renew its office lease（オフィスのリース更新を断った）をおさえれば確実である。(A) vacate（明け渡す）が正解。他の選択肢は、(B) base（根拠を置く）、(C) direct（～を向ける；道を教える）、(D) regroup（再び集まる）。

訳 トレブロン・ゲーム社はオフィスのリース更新を断った後、6月30日までにオフィスを明け渡さなければならなかった。

☐ **decline** 他 断る　　　☐ **renew** 他 更新する
☐ **premises** 名 オフィス；敷地

5. BMT City bus line passengers can ------- at Plaza One Terminal for routes serving the western part of the city.

   (A) exchange
   (B) require
   (C) transfer
   (D) accept

6. Lindon Consulting helps companies solve issues that prevent them from ------- their performance potential.

   (A) realizing
   (B) surprising
   (C) intending
   (D) responding

7. Connor Stadium authorities expect that approximately 45,000 fans will ------- at the facility to see the Hot Pop Summer Music Festival.

   (A) relate
   (B) converge
   (C) fill
   (D) affect

8. The testing division at Irotzon Waste Management Co. ------- some research data through a careful review process.

   (A) meant
   (B) talked
   (C) benefitted
   (D) verified

Correct Answers

5. 正解 **(C)** 文 主語と at Plaza One Terminal に注目 ★★

解説 passengers（乗客）が at Plaza One Terminal（プラザワン・ターミナル）ですることを考える。ただし、空所の後に目的語がないので、自動詞として使える必要もある。「乗り換える」の意味を持つ (C) transfer が正解である。(A) exchange は「交換する」の意味の他動詞でここでは使えない。

訳 BMT 市バス路線の乗客はプラザワン・ターミナルで、市の西部を運行する路線に乗り換えることができる。

☐ **passenger** 名 乗客

6. 正解 **(A)** 速 目的語の potential との相性 ★★

解説 空所に入る動詞の目的語になる their performance potential の potential（可能性）に注目。組み合わせて意味を持つのは realize（実現する）なので、(A) が正解。他の選択肢の動詞は、(B) surprise（驚かす）、(C) intend（〜するつもりである）、(D) respond（反応する；応答する）。

訳 リンドン・コンサルティングは、業績の可能性の実現を阻む問題を企業が解決できるよう支援します。

☐ **issue** 名 問題　　　　　　　☐ **prevent 〜 from ...** 〜が…するのを阻む
☐ **performance** 名 業績　　　　☐ **potential** 名 可能性

7. 正解 **(B)** 文 主語と at the facility に注目 ★★★

解説 approximately 45,000 fans（およそ４万５千人のファン）が the facility（施設）でどうするのかを考えると、(B) converge（集まる）が適当である。他の選択肢は、(A) relate（関係させる）、(C) fill（満たす）、(D) affect（影響する）。fill は at がなければ、fill the facility とできる。

訳 コナー・スタジアムの管理部門は、ホット・ポップ・サマー音楽祭を見るためにおよそ４万５千人のファンがその施設に集まると期待している。

☐ **authorities** 名 当局；管理部門　　☐ **approximately** 副 およそ

8. 正解 **(D)** 文 目的語と through 以下に注目 ★★

解説 some research data（調査データ）をどうするかを考える。through a careful review process（注意深い見直しプロセスを経て）もヒントになる。(D) verified（立証した）が正解。(C) の benefit は「利益を与える」の意味。

訳 アイロツォン廃棄物管理社のテスト部門は、注意深い検討プロセスを経て、調査データを立証した。

☐ **waste** 名 廃棄物　　　　　　☐ **review** 名 見直し

9. Sanford Web Search Co. ------- a branch office a few kilometers outside Prague.

(A) established
(B) compiled
(C) resulted
(D) coded

10. Delxi Carpets, Inc., ------- a 6.2 percent revenue growth rate over three consecutive quarters, exceeding its targets for that period.

(A) competed
(B) involved
(C) sustained
(D) adhered

11. Varket Energy Co. will ------- its operations through several newly discovered natural gas fields in Russia.

(A) multiply
(B) wonder
(C) communicate
(D) interest

12. Ashton Bakery Co. ------- 25 percent of the school tuition for employees who have been with the firm for at least 18 months.

(A) affiliates
(B) subsidizes
(C) grosses
(D) costs

Correct Answers

9. 正解 (A) 速 目的語 a branch office との相性 ★

解説 a branch office（支社）をどうしたかを考えれば、(A) established（設置した）が適当である。他の選択肢の動詞は、compile は「編集する」、code は「コード化する；暗号化する」の意味。result は自動詞として result in（～という結果になる）、result from（～に起因する）で使う。

訳 サンフォード・ウェブサーチ社はプラハの郊外数キロメートルのところに支社を設置した。

---

10. 正解 (C) 文 目的語と over three consecutive quarters に注目 ★★

解説 over three consecutive quarters（3四半期連続）で、a 6.2 percent revenue growth rate（6.2％の収入の伸び）をどうしたかと考えると、(C) sustained（維持した）が適切である。他の選択肢は、(A) competed（競争した）、(B) involved（含んだ）、(D) adhered（固執した；付着した）。なお、adhere は自動詞で、adhere to の形で使う。

訳 デルシ・カーペッツ社は3四半期にわたって6.2％の収入の伸びを維持し、その期間の目標を上回った。

☐ **consecutive** 形 連続する　　　☐ **exceed** 他 超える

11. 正解 (A) 速 目的語 its operations との相性 ★★

解説 目的語の its operations（その操業）との相性だけから、(A) multiply（多角化する）に絞れる。through several newly discovered natural gas fields（新たに天然ガス田をいくつか発見したことから）を確認してもいい。他の選択肢は、(B) wonder（不思議に思う）、(C) communicate（連絡をとる）、(D) interest（関心を持たせる）。

訳 ヴァーケット・エネルギー社はロシアで新たに天然ガス田をいくつか発見したことから、操業を多角化するだろう。

☐ **natural gas field** 天然ガス田

12. 正解 (B) 文 目的語と for employees ～に注目 ★★

解説 空所の後の 25 percent of the school tuition for employees（社員のために学費の25％）をどうするかを考える。have been with the firm for at least 18 months（18カ月以上勤務した）もヒントになる。(B) subsidizes（補助する）が適当である。他の選択肢の動詞は、affiliate（提携する）、gross（収益をあげる）、cost（[お金が] かかる）。

訳 アシュトン・ベーカリー社は18カ月以上勤務した社員に学費の25％を補助する。

☐ **tuition** 名 学費

13. Product demonstrations at Fuber Department Stores ------- shoppers on how to use kitchen appliances effectively.

(A) instruct
(B) reply
(C) calculate
(D) indicate

Ⓐ Ⓑ Ⓒ Ⓓ

14. As Sabrina Matheson left for a two-week business trip, she ------- her duties in daily operations at her branch to Demetrius Crist.

(A) controlled
(B) delegated
(C) believed
(D) represented

Ⓐ Ⓑ Ⓒ Ⓓ

15. Companies using Rover Labor Services can ------- their needs for long-term, short-term, and intermediate-term staffing.

(A) balance
(B) depend
(C) invite
(D) consist

Ⓐ Ⓑ Ⓒ Ⓓ

16. Colin Pike ------- his supervisors through regularly devising workable solutions to architectural problems.

(A) impressed
(B) substituted
(C) expressed
(D) completed

Ⓐ Ⓑ Ⓒ Ⓓ

Correct Answers

13. 正解 (A) 📖 how to 以下がヒントに ★★

解説 shoppers（買い物客）に how to use kitchen appliances effectively（台所用品を効果的に使う方法）についてどうするかを考えると、(A) instruct（教える）が適当である。他の選択肢は、(B) reply（返答する）、(C) calculate（計算する）、(D) indicate（指摘する；表示する）。

訳 フューバー・デパートの製品デモ販売は買い物客に台所用品を効果的に使う方法を教えてくれる。

- □ **demonstration** 名 デモ（販売）
- □ **shopper** 名 買い物客
- □ **kitchen appliances** 台所用品
- □ **effectively** 副 効果的に

14. 正解 (B) 📖 her duties と to Demetrius Crist に注目 ★★

解説 her duties（彼女の業務）を to Demetrius Crist（ディメトリウス・クリストに）どうしたかを考えると、(B) delegated（任せた）が適切である。他の選択肢は、(A) controlled（指揮した；抑制した）、(C) believed（信じた）、(D) represented（代表した）。

訳 サブリナ・マセソンは 2 週間の出張に出かけるので、彼女の支店の日常業務をディメトリウス・クリストに任せた。

- □ **duty** 名 業務

15. 正解 (A) 📖 their needs 以下がヒントに ★★

解説 long-term, short-term, and intermediate-term staffing（長期、短期、中期の人材派遣）というさまざまな needs（ニーズ）をどうするか考えると、(A) balance（バランスをとる）が適切である。他の選択肢は、depend on で「〜に依存する」、invite は「招く」、consist of で「〜から成る」。

訳 ローバー・レイバーサービシズを使う会社は、長期、短期、中期の人材派遣というニーズのバランスをとることができる。

- □ **intermediate-term** 形 中期の

16. 正解 (A) 📖 through 以下がヒントに ★★

解説 through 以下の regularly devising workable solutions to architectural problems（いつも建築上の問題に可能な解決策を考え出すこと）が、his supervisors（上司たち）をどうしたのかと考えれば、(A) impressed（印象づけた）が適切である。他の選択肢は、(B) substituted（代用した）、(C) expressed（表現した）、(D) completed（完了した）。

訳 コリン・パイクは、いつも建築上の問題に可能な解決策を考え出すことを通して、上司たちを印象づけた。

- □ **devise** 他 考案する
- □ **workable** 形 機能する
- □ **architectural** 形 建築の

17. After inspecting several areas, Aki Kaneko's department ------- four which her company could use as places to build new factories.

(A) said
(B) identified
(C) guessed
(D) convened

18. Gaptoil Battery Co. and Eason Trucks, Inc. ultimately ------- in order to finalize a supplier contract.

(A) occurred
(B) deserved
(C) interned
(D) compromised

19. Edward Gorman ------- some elements of his investment proposal after getting feedback from his colleagues.

(A) succeeded
(B) hoped
(C) modified
(D) amounted

20. Heavy snowfall ------- traffic on major highways in the northern part of the state during the early part of the week.

(A) weighed
(B) obstructed
(C) rejected
(D) loaded

Correct Answers

17. 正解 (B) 文 four which 以下がヒントに ★★

解説 four which her company could use as places to build new factories（彼女の会社が新しい工場用地に使える4カ所）をどうしたかを考えると、(B) identified（特定した）が適当だとわかる。(C) guess は「推測する」、(D) convene は「(会議を) 招集する」という意味。

訳 数カ所の地区を調査した後で、アキ・カネコの部門は、彼女の会社が新しい工場用地に使える4カ所を特定した。

☐ **inspect** 他 調査する

18. 正解 (D) 文 文全体を見る ★★

解説 Gaptoil Battery Co. と Eason Trucks, Inc. という2社が、in order to finalize a supplier contract（サプライヤー契約を締結するために）することなので、(D) compromised（妥協した）が正解。他の選択肢は、(A) occurred（発生した）、(B) deserved（〜に値した）、(C) interned（実習した）。

訳 ギャップトイル・バッテリー社とイーソン・トラックス社はサプライヤー契約を締結するために最終的に妥協した。

☐ **ultimately** 副 最終的に　　☐ **finalize** 他 締結する

19. 正解 (C) 文 目的語と after 以下に注目 ★★

解説 after getting feedback from his colleagues（同僚から意見をもらった後）なので、some elements of his investment proposal（投資提案のいくつかの要素）を (C) modified（修正した）はずである。(A) の succeed は自動詞で使うので、succeed in（〜に成功する）や succeed to（〜を引き継ぐ）とする。(D) の amount も自動詞で amount to で「〜に達する」である。

訳 エドワード・ゴーマンは同僚から意見をもらった後で、投資提案のいくつかの要素を修正した。

☐ **element** 名 要素　　☐ **feedback** 名 意見；反応
☐ **colleague** 名 同僚

20. 正解 (B) 速 Heavy snowfall ------- traffic だけで解ける ★★

解説 Heavy snowfall（大雪）が traffic（交通）をどうしたかを考えると、(B) obstructed（さまたげた）が適切。他の選択肢は、(A) weighed（重さを量った）、(C) rejected（拒絶した）、(D) loaded（積み込んだ）。

訳 州の北部では週のはじめのうちは、大雪により主要な幹線道路が通行できなくなった。

DAY 6　動詞を選ぶ

Column 英文法ワンポイント❻
TOEIC頻出の受動態の表現

受動態の定型表現はTOEICにもよく出ます。前置詞との組み合わせを意識しましょう。

- be known for（〜で知られている）
- be scheduled for（〜の予定である）
- be absorbed in（〜に没頭している）
- be based in [at]（〜に拠点がある）
- be engaged in（〜に携わる）
- be involved in（〜にかかわる）
- be located in [at]（〜に場所がある）
- be based on（〜に基づく）
- be committed to（〜に専心している）
- be entitled to（〜の資格がある）
- be faced with（〜に直面する）
- be impressed with（〜に感心する）
- be packed with（〜でいっぱいである）
- be pleased with（〜に喜ぶ）
- be satisfied with（〜に満足する）

DAY 7

形容詞・副詞を選ぶ

形容詞・副詞の問題を解くカギは修飾関係を利用することです。文全体を見ないで解ける問題はすばやく処理してスピードアップをはかりましょう。

> **解法 24** 形容詞は修飾する名詞、関連する主語から考える…124
>
> **解法 25** 副詞はまず修飾する動詞・形容詞・副詞を見る…126
>
> **解法 26** 比較は「形」から入る……………………128

解法 24 形容詞は修飾する名詞、関連する主語から考える

形容詞の機能は「名詞を修飾する」「補語になる」というものです。したがって、空所の形容詞を選ぶときにはまず、「名詞を修飾」する場合には「修飾される名詞」をチェック、「補語」の場合は「主語」をチェックすることが基本になります。これで決定できれば、問題文の他の部分は読む必要はありません。

The botanical garden is closed to the public until ------- notice.

植物園は追って通知があるまで閉園します。

選択肢例　(A) prime　　(B) private　　(C) former　　(D) further
　　　　　主要な　　　　個人の　　　　前の　　　　　さらなる

✔ further（追っての；さらなる）は notice を修飾する。解答するときはまずこの修飾関係に注目する。

これで決定できなければ、問題文の他のキーワードや全体の文脈から適切なものを絞ります。

We must come up with an ------- plan, as our recent campaigns haven't been attracting customers effectively.

われわれの最近のキャンペーンは顧客を効果的に引きつけていないので、代替案を考えなければならない。

選択肢例　(A) initial　　(B) opposite　　(C) exclusive　　(D) alternative
　　　　　初期の　　　　反対の　　　　　排他的な　　　　代替の

✔ alternative を選ぶには、plan を見るだけでは不十分。as 以下の状況を理解する必要がある。come up with もヒントに。

頻出の形容詞

形容詞は、修飾するものが何かで、まとめることができます。TOEIC ではビジネスシーンでよく登場する人・物・事を修飾する形容詞がよく使われます。

人を修飾する

diligent（勤勉な）　　　　　　　competent/capable（有能な）
promising（将来性のある）　　　acclaimed（著名な）

dependable（信頼できる）
dedicated（献身的な）

製品・サービスを修飾する
remarkable（すばらしい）
precise（正確な）
competitive（他に負けない）
complimentary（無料の）

アイデア・プランを修飾する
impressive（印象的な）
alternative（代わりの）
ultimate（究極の）

時間を形容する
former（前の；前任の）
following/subsequent（続く；次の）
simultaneous（同時の）

区別したい形容詞ペア
confident（自信がある） ……… confidential（守秘義務のある）
considerate（思いやりのある） ……… considerable（[数量・程度が] 相当な）
economic（経済の） ……… economical（節約の）
industrial（工業の；産業の） ……… industrious（勤勉な）
respectful（礼儀正しい） ……… respective（それぞれの）
successful（成功した） ……… successive（連続する）

generous（気前のいい）
prudent（慎重な）

sophisticated（洗練された）
advanced（高度な）
affordable/reasonable（手頃な価格の）
exclusive（独占的な）

innovative（革新的な）
lucrative（もうかる）
unanimous（全員一致の）

previous/prior（前の；先の）
upcoming（今度の）
tentative（暫定的な）

DAY 7 形容詞・副詞を選ぶ

> 例題 1　The Gelix Foam Co. ordinarily pays ------- supplier invoices at the end of the month.
>
> (A) due
> (B) latter
> (C) unquiet
> (D) onboard
>
> Ⓐ Ⓑ Ⓒ Ⓓ

正解 (A)　速 修飾する supplier invoices をチェック

解説　supplier invoices（サプライヤーの請求書）を修飾するのに適当な形容詞を探す。選択肢は、(A) due（支払期日の来た）、(B) latter（後者の）、(C) unquiet（落ち着かない）、(D) onboard（船内の；車内の）なので、(A) が正解となる。

> **訳** ジェリックス・フォーム社は通常月末に、期日が来たサプライヤーの請求書の支払いをする。

解法 25 副詞はまず修飾する動詞・形容詞・副詞を見る

　副詞は「動詞・形容詞・副詞を修飾する」場合と「文全体を修飾する」場合に分けて考えましょう。副詞の位置に注目してください。

〈**動詞の前後、be 動詞・助動詞の後、文頭・文尾など**〉→ 動詞を修飾する
　→ 動詞との相性をチェック
〈**形容詞の前後**〉→ 形容詞を修飾する → 形容詞との相性をチェック
〈**副詞の前**〉→ 副詞を修飾する → 副詞との相性をチェック
　これらのケースでは空所の前後を見るだけで最適のものを特定できることがあります。前後の情報で片付かないときには、文全体に目を通します。

〈**文頭・文尾、カンマではさんで挿入**〉→ 文全体を修飾する
　→ 全体の文意をつかむ
　文全体を修飾する副詞は、文頭や文尾に置かれたり、カンマで区切って文中に挿入されたりします。こういうケースでは、文全体の意味を把握しないと、適切な副詞を選べません。

文全体を修飾する副詞

　文全体を修飾する副詞は文脈でイメージをつかんでおきましょう。TOEIC でよく使われるものを例として挙げておきます。

Actually, I've just joined the company.
実のところ、私はこの会社に入ったばかりなのです。

possibly（もしかすると）　　　**eventually**（結果として）
respectively（それぞれ）　　　**regrettably**（残念ながら）
unfortunately（残念ながら）　　**personally**（個人的には）
understandably（当然のことだが）　**apparently**（一見したところ）
alternatively（そうではなくて；その代わりに）
therefore（それゆえ）などの接続副詞（☞ p. 77）

✔ これら副詞も位置と使い方によって、文の一部を修飾することもある。

基本副詞の注意すべき用法

● **yet**（まだ〜ない〈否定文〉；もう〜〈疑問文〉）

I haven't finished my assignments yet.
私はまだ自分の仕事を終えていません。
✔ not 〜 yet と呼応する。yet が空所なら not に注目して選ぶ。

Have you finished your assignments yet?
もう自分の仕事を終えたのですか。
✔ 疑問文で使えば「もう〜」。

● **ever**（かつて；今までで）

Have you ever been to Barcelona?
バルセロナに行ったことはありますか。
✔ 疑問文で「かつて」の意味で使う。

This is my happiest moment ever.
これは私にとってこれまでで一番しあわせな瞬間です。
✔ 最上級で「今までで（最も）〜」を表す。

● **just**（まさに；まったく）

No, my opinion is just the opposite. いや、私の意見は正反対だ。
✔ 後続の語句を強調する。

This less expensive cleaner is just as powerful as that expensive one.
この安いクリーナーもあの高いクリーナーと同じくらい強力だ。
✔ 同等比較 as 〜 as の強調によく使われる。

例題 2　Anatoly Dombrowsky had worked in the Moscow and Volgograd offices for two and ten years -------.

(A) feasibly
(B) accurate
(C) complete
(D) respectively

Ⓐ Ⓑ Ⓒ Ⓓ

| 正解 | **(D)**　文 文全体を見る必要がある |

解説　空所は文尾にあるので、副詞と見当をつける。(A) feasibly か (D) respectively が候補だが、この文では働いた場所が Moscow と Volgograd、働いた期間が two (years) と ten years と対比されている。「それぞれに」の意味を持つ respectively を入れると文意が通るので、(D) が正解である。

訳　アナトリー・ドムブロウスキーはモスクワとボルゴグラードのオフィスで、それぞれ 2 年と 10 年働いた。

解法 26　比較は「形」から入る

比較については TOEIC では、大学受験のような難解な構文が出題されることはありません。基本の定型パターンを駆使することで解答できます。基本をおさらいしておきましょう。

同等比較

as ------- as や、not so[as] ------- as の場合には、空所には原級（形容詞や副詞の元の形）が入ります。

My boss is as young as my sister.　私の上司は妹と同じくらい若い。
My boss isn't so [as] young as my sister.
私の上司は妹ほど若くない。

✔「何倍」を表すには、twice [fourth times] as large as ～（～の 2 倍 [4 倍] の大きさである）とする。

比較級

比較級は、短い単語は higher のように〈形容詞 [副詞] -er〉、長い（3 音節以上と 2 音節の一部）単語は more efficient のように〈more + 形容詞 [副詞]〉です。

The GDP of China is bigger than that of India.
中国の GDP はインドのものより大きい。

✔ than があれば、形容詞・副詞は必ず比較級になる。

The economy is getting better due to the new financial policies.
新しい金融政策のおかげで経済は好転している。

✔ than がなくても比較級が使われることがある。この場合は than before が自明なので省略されている。

・**比較級の修飾語**：much, even, far, still など。very は使えない。

This new tablet is superior to the old one in speed.
この新しいタブレットはスピードで古いものより優れている。

✔ superior（優れた）/inferior（劣った）、junior（年下の）/senior（年上の）、prior（前の）/posterior（後の）などはラテン語起源の比較級で、比較対象を to で導く。語尾が -or になる特徴がある。

最上級

最上級は、短い単語は the highest のように〈the + 形容詞［副詞］-est〉、長い単語は the most efficient のように〈the + most + 形容詞［副詞］〉です。副詞の最上級は the を付けないこともあります。

Tokyo Skytree is the tallest broadcast tower in the world.
東京スカイツリーは世界で一番高い放送塔だ。

✔ 最上級は後に、〈of/in/among + 範囲を示す語〉〈since + 起点を表す語〉〈that + ever を使う経験を表す文〉などが続くことが多い。
また、one of the most powerful leaders のように〈one of the most ～ 名詞〉の形でもよく使われる。この場合に名詞は複数になる点に注意。

・**最上級の修飾語**：by far, very など。

例題 3　Fernanda Maxera is a ------- speaker than her colleagues, especially in sales presentations.

(A) tightly
(B) numerous
(C) more compelling
(D) the most efficiently

正解 (C)　速 比較対象を導く than に注目

解説　空所は冠詞の後、名詞の前なので形容詞でなければならない。副詞の (A) tightly と (D) the most efficiently を除外できる。また、speaker の次に than があることから、形容詞は比較級でなければならない。ここから、(C) more compelling（より説得力のある）に絞れる。

訳　フェルナンダ・マクセラは、とりわけ販売のプレゼンにおいて、同僚たちよりも説得力のある話し手だ。

Exercises

Score 600 — 10 min.　Score 730 — 9 min.　Score 860 — 8 min.

空所に最適な語句を入れてください。

1. Visitor rates to Tonlo Park are ------- higher during the warmer seasons of the year.

(A) such
(B) very
(C) predictably
(D) encouraging　　　　　　　　　Ⓐ Ⓑ Ⓒ Ⓓ

2. Port of Barbo is one of the ------- top-performing transshipment points in the region, handling millions of tons of cargo.

(A) most consistently
(B) repeatable
(C) wise
(D) more athletically　　　　　　　Ⓐ Ⓑ Ⓒ Ⓓ

3. The Hammston Restaurant afternoon buffet provides ------- dining options to all lunch guests.

(A) faithful
(B) abundant
(C) popularly
(D) formally　　　　　　　　　　　Ⓐ Ⓑ Ⓒ Ⓓ

4. TCF Solutions makes even ------- difficult technological problems clear for its clients.

(A) opposite
(B) scoreless
(C) mostly the fearless
(D) the most confusingly　　　　　Ⓐ Ⓑ Ⓒ Ⓓ

Correct Answers

1. 正解 (C)　速 比較級を修飾する　★★

解説 空所の後に形容詞の higher があるので、空所には副詞が入る。副詞は very と predictably だが、very は比較級を修飾できない。また、predictably（予想通り）を入れると、「1 年の暖かい季節には予想通り高くなる」と文意も通る。(C) が正解。

訳 トンロ公園の入場料は 1 年の暖かい季節には予想通り高くなる。

□ **rates** 名 料金

2. 正解 (A)　速 one of の次は最上級の可能性がある　★★

解説 one of the ------- top-performing transshipment points は〈one of the 〜 形容詞 + 名詞の複数〉の形なので、最上級を使って「最も〜なものの 1 つ」になると予測がつく。ここから most のある (A) が正解とわかる。(A) は consistently（一貫して）という副詞がついているが、これは top-performing を修飾している。

訳 バーボ港はその地域で一貫して最も取扱量の多い有数の積み替え地で、何百万トンもの貨物を取り扱う。

□ **top-performing** 形 優れた実績の　　□ **transshipment** 名 積み替え
□ **handle** 他 取り扱う　　　　　　　　□ **cargo** 名 貨物

3. 正解 (B)　速 修飾する dining options をチェック　★★★

解説 空所の後が dining options（食事の選択肢）なので、options に注目すれば (B) abundant（豊富な）が適切。客が好きな料理を選択できる buffet（ビュッフェ）ともうまくつながる。(A) faithful（忠実な）は意味的に無理。(C) popularly（一般には）と (D) formally（公式には）は副詞で、dining を修飾するにしても意味をなさない。

訳 ハムストン・レストランの午後のビュッフェは、すべてのランチ客に豊富な食事の選択肢を提供します。

□ **option** 名 選択肢

4. 正解 (D)　速 形容詞の difficult を修飾する　★★

解説 空所の次は difficult technological problems（技術の難題）で、空所の前には even（〜でさえ）があるので、空所には difficult を強調する副詞が入ると予測できる。ここから、(D) the most confusingly（最も込み入って）を選べる。(A) opposite は「反対の」、(B) scoreless は「無得点の」で意味的に無理。(C) の mostly は「たいてい」、fearless は「恐れを知らない」で、これも意味的に後ろにつながらない。

訳 TCF ソリューションズは顧客のために最も込み入った技術的難題でも解決します。

5. Shoppers looking for ------- necklaces, earrings, bracelets or similar items in a reasonable price range come to Asil Jewelry shops.

(A) sophisticatedly
(B) happy
(C) beautifully
(D) elegant

6. Cost control at Menso Fiber Optics was ------- improved after some production machinery was upgraded.

(A) remarkable
(B) considerably
(C) soonest
(D) there

7. Qanst Heavy Industries is seeking hundreds of recruits, ------- those with engineering degrees.

(A) innovative
(B) responsible
(C) special
(D) preferably

8. Vardible Resort Hotel is set in ------- Sumi Valley, offering a peaceful alternative to city life.

(A) picturesque
(B) wonderfully
(C) naturally
(D) much

Correct Answers

5. 正解 **(D)** 速 修飾する名詞から判断する ★

解説 空所の次は necklaces, earrings, bracelets or similar items なので、これらを修飾するには (D) elegant（洗練された）が適切。(A) sophisticatedly と (C) beautifully はそれぞれ sophisticated、beautiful と形容詞なら正解になる。(B) happy は意味的につながらない。

訳 洗練されたネックレスやイヤリング、ブレスレットなどの製品を手頃な価格帯で探している買い物客はエイシル宝飾店を訪れる。

☐ **reasonable** 形 手頃な

---

6. 正解 **(B)** 速 improved を修飾する ★

解説 空所は was〈be 動詞〉と improved〈過去分詞〉にはさまれているので、副詞が入る。improved（改善された）を修飾することになるので、(B) considerably（かなり）が適当。(C) soonest や (D) there はここに入れても意味をなさない。(A) remarkable は形容詞で「驚くべき；すばらしい」の意味。副詞の remarkably なら正解となる。

訳 一部の生産機械が新しくなってから、メンソ・ファイバーオプティクスの経費管理はかなり改善された。

☐ **improve** 他 改善する；改良する　　☐ **upgrade** 他 格上げする；一新する

---

7. 正解 **(D)** 文 文全体を見る必要がある ★★

解説 空所の前にカンマがあり、直後は代名詞の those である。この those は recruits の言い換えだと考えると、空所以降は付加情報である。副詞の (D) preferably（できれば）を入れるとうまくつながる。形容詞は代名詞を修飾できないので、(A) innovative（革新的な）、(B) responsible（責任のある）、(C) special（特別な）はいずれも不可。

訳 カンスト重機は何百人もの新入社員を、できれば技術系の学位をもっている人を募集している。

☐ **seek** 他 探し求める　　☐ **recruit** 名 新入社員

---

8. 正解 **(A)** 文 Sumi Valley という名詞を修飾する ★

解説 Vardible Resort Hotel というリゾートホテルを紹介する文なので、空所には Sumi Valley を肯定的に修飾する形容詞が入ることが推測できる。(A) picturesque（絵のように美しい）が正解。(D) much は意味的に無理。(B) wonderfully、(C) naturally は副詞なので不可。(B) は wonderful なら正解となる。

訳 ヴァーディブル・リゾートホテルは絵のように美しいスミ渓谷にあり、都市生活にない平穏な滞在を提供します。

☐ **peaceful** 形 平穏な　　☐ **alternative** 名 代わるもの

9. Customers ------- return to Rike Mattress and Beds Store because they trust in the quality of its items.
   (A) exclusive
   (B) loyally
   (C) equally
   (D) definite

10. CEO Lila Bozeman did not become overly ------- when sales declined last quarter.
    (A) aside
    (B) sadly
    (C) concerned
    (D) mistakenly

11. Many analysts believe Mi-seon Choi is a ------- candidate for governor, although she has not yet declared her intentions.
    (A) suitably
    (B) gainful
    (C) possibly
    (D) potential

12. With its rich flavor and jolt of caffeine, Smooth Line Coffee helps people work -------.
    (A) fantastic
    (B) good
    (C) faster
    (D) just

Correct Answers

9. 正解 **(B)** 文 空所は return を修飾する ★★

解説 空所は主語 Customers と動詞 return にはさまれているので、入るのは副詞。(B) loyally（忠実に）は副詞で意味も合い、because 以下ともうまくつながる。(C) equally（同様に；平等に）は副詞だが、意味が合わない。(A) exclusive（独占的な）と (D) definite（明確な）は形容詞なので不適。

訳 顧客はその製品の品質を信頼しているので、ライク・マットレス・アンド・ベッズ・ストアに忠実に戻ってきてくれる。

☐ **trust in** ～を信頼する

10. 正解 **(C)** 文 文全体を見る必要がある ★★

解説 空所は副詞 overly の後で、主文の補語になると推測できるので形容詞が入る。(C) concerned（心配した）が正解。「それほど心配しなかった」となり、when sales declined last quarter（前四半期に売り上げが落ちたとき）と論旨も合う。(A) aside（傍らに）、(B) sadly（悲しく）、(D) mistakenly（誤って）はいずれも副詞で不可。

訳 リラ・ボーズマン CEO は前四半期に売り上げが落ちたときにも、それほど心配しなかった。

☐ **overly** 副 過度に　　☐ **decline** 自 下落する

11. 正解 **(D)** 速 空所は candidate を修飾する ★★

解説 空所は冠詞 a と名詞 candidate にはさまれているので、形容詞が入る。「知事の～な候補」という文脈も考えると、(D) potential（可能性のある；有力な）が最適。(B) gainful も形容詞だが、「有給の」の意味で合わない。(A) suitably（適当に）、(C) possibly（もしかすると）はいずれも副詞で不可。

訳 ミーシオン・チョイはまだ彼女の意思を示していないが、知事の有力候補であると、アナリストたちは考えている。

☐ **candidate** 名 候補　　☐ **governor** 名 知事
☐ **declare** 他 宣告する　　☐ **intention** 名 意思

12. 正解 **(C)** 文 文全体を見る必要がある ★

解説 自動詞 work の後ろに空所があるので、入るものは副詞しかない。With its rich flavor and jolt of caffeine（その芳醇な風味とカフェインの刺激により）という文意も考えれば、work faster（仕事が速くなる）とするのが適切なので、(C) を選ぶ。(D) just も副詞だが、just は被修飾語の前に置くのがふつうで、意味的にも合わない。(A) fantastic は形容詞で「すばらしい」の意味。

訳 その芳醇な風味とカフェインの刺激により、スムースライン・コーヒーは人々の仕事を活発なものにする。

☐ **flavor** 名 風味　　☐ **jolt** 名 刺激

13. Royalty payments to World Heat Excitement Co. ------- doubled after the release of several new popular applications.

(A) literally
(B) actual
(C) correct
(D) devotedly

14. Interest rate trends in emerging markets last quarter were volatile but definitely moving -------.

(A) off
(B) knowingly
(C) upward
(D) scientific

15. The Si-Event Co. catering crew set up for the shareholder meeting ------- at 3:00 PM.

(A) talkative
(B) likeable
(C) earliest
(D) punctually

16. Patty Sheldon passed the national lawyer certification test, ------- accepting a position of Blaine and Chen Partners.

(A) nice
(B) consequently
(C) deliberate
(D) consecutively

Correct Answers

13. 正解 (A) 文 doubled を修飾する ★★

解説 空所は主語と動詞にはさまれているので、副詞が入る。動詞 doubled は「倍増した」の意味。副詞である (A) literally は「文字通り」、(D) devotedly は「献身的に」なので、(A) が正解。(B) actual（実際の）と (C) correct（正しい）は形容詞で不適。actually（実際に）なら正解になりうる。

訳 新しい人気ソフトがいくつか発売された後、ワールド・ヒート・エクサイトメント社に入る著作権使用料は文字通り倍増した。

□ **royalty payments** 著作権使用料　　□ **release** 名 発売

14. 正解 (C) 文 moving を修飾する + 主語との相性 ★

解説 自動詞 moving の後に空所があるので、入るものは副詞である。主語が Interest rate trends（金利の傾向）であることも考えると、(C) upward（上向きに）が正解。(A) off と (B) knowingly（知りながら）も副詞だが、文意に合わない。(D) scientific（科学的な）は形容詞で不適。

訳 新興市場における前四半期の金利の傾向は不安定に振れながら、確実に上昇した。

□ **interest rate** 金利　　　　　□ **emerging market** 新興市場
□ **volatile** 形 不安定な　　　　□ **definitely** 副 確実に

15. 正解 (D) 速 at 3:00 PM に合う副詞 ★★

解説 空所は名詞と前置詞にはさまれているので、形容詞・副詞のどちらも文法上は可能性がある。空所の後が at 3:00 PM（午後3時）と時を表す副詞句であることを考えると、時間を表す副詞の (D) punctually（きっかりに）が適切である。(C) earliest（最も早く）も副詞だが、意味が通じない。形容詞の (A) talkative（おしゃべりな）と (B) likeable（好ましい）は意味的につながるところがない。

訳 シー・イベント社のケータリング・スタッフは、午後3時きっかりに株主総会の準備を終えた。

□ **catering** 名 仕出し；ケータリング　　□ **shareholder meeting** 株主総会

16. 正解 (B) 文 文全体を見る必要がある ★★★

解説 カンマ以下は分詞構文で、空所は分詞 accepting の前にある。したがって、副詞でなければならない。文意は「国家弁護士認定試験に合格して」から accepting a position（職を得た）わけなので、(B) consequently（結果的に）が正解。(D) consecutively も副詞だが、「連続して」の意味で文脈に合わない。(A) nice と (C) deliberate（慎重な；故意の）はいずれも形容詞で不適。

訳 パティー・シェルドンは国家弁護士認定試験に合格して、その結果、ブレイン・アンド・チェン・パートナーズに職を得た。

□ **lawyer** 名 弁護士　　　　　□ **certification test** 認定試験

17. Ando Motors, Inc., newest car design was proved ------- after extensive testing both in laboratories and on roads.
(A) feasible
(B) responsible
(C) talkatively
(D) intrusively

18. Employees must ------- fill out reimbursement forms before turning them into human resources.
(A) renewably
(B) legibly
(C) successful
(D) productive

19. Great A Lotion gets rid of ------- dry skin, making it feel cool and moist.
(A) persistently
(B) simplistically
(C) practiced
(D) exceeding

20. TedX Technologies Co. is known for its ------- staff who regularly devise outstanding and marketable products.
(A) industrious
(B) contrasted
(C) respective
(D) comfortable

Correct Answers

17. 正解 (A)　文 動詞 prove の機能に注目　★★★

解説　動詞 prove は〈prove + O + C〉で「O が C であることを証明する」という形がとれる。問題文はそれが受け身になったもの。したがって、空所には形容詞が入る。まず、副詞 (C) と (D) を除外できる。形容詞の選択肢は (A) feasible（実現可能な）、(B) responsible（責任がある）。car design がどう証明されたのか考えると (A) が正しいとわかる。

訳　アンドー・モーターズ社の最新のカーデザインは、研究所と路上の両方で広範なテストをした後に実現可能であると判明した。

□ **extensive**　形 広範な　　　　　　□ **laboratory**　名 研究所

18. 正解 (B)　速 fill out を修飾する　★★★

解説　空所は助動詞と動詞にはさまれているので、副詞が入る。fill out reimbursement forms は「出金伝票に記入する」の意味なので、文意から (B) legibly（読みやすい文字で）が正解。(A) renewably も副詞だが、「再生できるように」の意味で、文脈に合わない。(C) successful（成功した）と (D) productive（生産的な）は形容詞で不適。

訳　社員は、出金伝票を人事部に提出する前に、それに読みやすい文字で記入しなければならない。

□ **reimbursement form**　出金フォーム；出金伝票
□ **turn ~ into ...**　～を…に提出する　　□ **human resources**　人事部

19. 正解 (A)　速 dry を修飾する副詞　★★★

解説　空所の後は dry skin と形容詞・名詞が続いている。空所には形容詞と副詞のどちらも可能。文意を見ると「乾いた肌」なので、(A) persistently（しつこく、恒常的に）が dry にうまくつながる。他の選択肢は、(B) simplistically（単純化して）、(C) practiced（練習した）、(D) exceeding（超えている）。

訳　グレイト A ローションは恒常的に乾いた肌を補正して、それを冷たく潤った状態にする。

□ **get rid of**　～を取り除く　　　　　□ **moist**　形 潤った

20. 正解 (A)　文 staff を修飾、who 以下の文意に注目　★★

解説　空所は名詞 staff を修飾する。また、who 以下は regularly devise outstanding and marketable products（いつも画期的で市場性のある製品を考案する）なので、(A) industrious（勤勉な）が正解。他の選択肢は、(B) contrasted（対照的な）、(C) respective（それぞれの）、(D) comfortable（快適な）。

訳　テッド X テクノロジーズ社は、いつも画期的で市場性のある製品を考案する勤勉な社員がいることで知られている。

□ **devise**　他 考案する　　　　　　□ **outstanding**　形 画期的な

Column 英文法ワンポイント ❼
不規則変化の形容詞・副詞

　形容詞・副詞の中で、比較級・最上級が不規則に変化するものがあります。TOEIC でもターゲットになることがあるのでしっかり覚えておきましょう。

原級	比較級	最上級	
many/much	more	most	
little	less	least	
good/well	better	best	
bad/ill	worse	worst	
far	farther	farthest	〈距離〉
	further	furthest	〈程度〉
late	later	latest	〈時間〉
	latter	last	〈順序〉

DAY 8

名詞を選ぶ

名詞は数が多くて覚えきれないイメージがありますが、TOEICでターゲットになるのはビジネスでよく使う重要語です。ふだんの勉強や問題を解いていくなかで、ビジネスシーンでよく使う言葉を意識して覚えていくようにしましょう。

解法 27 まず前後の言葉との相性を考える ………… 142

解法 28 定型表現だとわかれば即答できる ………… 144

解法 27 まず前後の言葉との相性を考える

　名詞の問題をすばやく解くには、前後にある言葉に注目することです。例えば、直前にある形容詞や動詞、前置詞を介して後ろにつながる名詞との関係を考えてみましょう。

Please reply to this ------- by the end of August.
この招待状には8月末までにお返事をください。

選択肢例　(A) form　　　(B) invoice　　(C) résumé　　(D) invitation
　　　　　書式　　　　　請求書　　　　履歴書　　　　招待状

✔ reply to（返事をする）との相性から invitation（招待状）を選べる。

The books you ordered from our shop will be delivered by ------- tomorrow.
あなたが私たちの店より注文した本は明日、宅配便で配送されます。

選択肢例　(A) form　　　(B) courier　　(C) baggage　　(D) transportation
　　　　　書式　　　　　宅配便　　　　荷物　　　　　交通

✔ be delivered by に注目すれば、配送する主体の courier（宅配便）を選べる。

　前後の言葉との相性で絞りきれない場合には、文全体に目を通して他のヒントを見つける必要があります。

The ------- of each manager is to motivate and encourage the members of the division.
それぞれのマネジャーの役割はその部のメンバーをやる気にさせ励ますことである。

選択肢例　(A) role　　　(B) offer　　　(C) status　　　(D) element
　　　　　役割　　　　　申し出　　　　地位　　　　　　要素

✔ manager だけでは特定できず、role の説明となっている motivate 以下を見る必要がある。

> 例題 1　Stephen Blake became the temporary ------- for CFO Alexandra Miller when she retired.
>
> (A) replacement
> (B) part
> (C) number
> (D) assignment

正解 (A)　速 形容詞の temporary がヒントに

解説　空所の前の temporary は「臨時の；一時的な」の意味で、CFO Alexandra Miller のための臨時の何になるかと考える。(A) replacement には「後任」の意味があるのでこれが正解。他の選択肢は、(B) part（部分）、(C) number（数字）、(D) assignment（仕事）。なお、replacement は人だけでなく、「交換品；代替品」の意味でモノにも使える。

訳　スティーブン・ブレイクは CFO のアレクサンドラ・ミラーが退任したときに臨時の後任になった。

> 例題 2　Palk Department Store employees receive discounts on company products as a special -------.
>
> (A) profit
> (B) market
> (C) fee
> (D) benefit

正解 (D)　文 文脈を理解する必要がある

解説　まず空所の前の special との組み合わせを考えるが、「特別の〜」だけでは特定できない。社員（employees）が receive discounts on company products（会社の製品に割引を受けられる）という文脈から、(D) benefit（優遇）が選べる。他の選択肢は、(A) profit（利益）、(B) market（市場）、(C) fee（料金）。

訳　ポーク百貨店の社員は特別優遇として、会社の製品に割引を受けられる。

解法 28 定型表現だとわかれば即答できる

　ビジネスの名詞には定型表現が数多くあります。ここで言う定型表現とは〈名詞 + 名詞〉や〈形容詞 + 名詞〉、〈名詞 and 名詞〉などを指します。
　こうした表現を知っていれば、空所の前後を見るだけですばやく解答できます。

よく使う定型表現

〈名詞 + 名詞〉

- **job offer**（求人）
- **track record**（職歴）
- **trade show**（商品見本市）
- **office supplies**（事務用品）
- **night shifts**（夜勤）
- **interest rates**（金利）
- **loyalty card**（お客様カード）
- **assembly line**（組み立てライン）

〈形容詞 + 名詞〉

- **fiscal year**（事業年度）
- **raw materials**（原材料）
- **back order**（入荷待ち）
- **emerging market**（新興市場）
- **paid vacation**（有給休暇）
- **competitive edge**（競争力）
- **toll-free number**（フリーダイヤル）
- **immediate supervisor**（直属の上司）

〈名詞 and 名詞〉

- **research and development**（研究・開発）
- **supply and demand**（供給と需要）
- **merger and acquisition**（吸収・合併）
- **pros and cons**（賛成と反対）
- **terms and conditions**（条件）　✔ terms も conditions も「条件」の意味。

例題 3　Season passes to Swift Hawks professional volleyball games have an April 30 ------- date.

(A) prevention
(B) reason
(C) expiration
(D) severance

Ⓐ Ⓑ Ⓒ Ⓓ

正解 (C) 速 〈～＋名詞〉の定型表現

解説 Season passes（季節入場パス）が April 30 という日付の何をもつかと考える。date と組み合わされる単語でもある。(C) の expiration（期限の満了）と date を組み合わせれば「有効期限」という意味になるので、これが正解。なお、他の選択肢は、(A) prevention（防止）、(B) reason（理由）、(D) severance（断絶；契約解除）。

訳 スイフト・ホークスのプロバレーボール・ゲームの季節入場パスは、4月30日が有効期限である。

不可算名詞に注意

名詞には「可算名詞」と「不可算名詞」があります。不可算名詞は、a/an は付かず、複数にはなりません。また、数を表す形容詞で修飾することはできません。milk が不可算名詞であることは明らかですが、注意しないとわからない不可算名詞もあります。ビジネス・生活シーンでよく使う不可算名詞の代表は下記です。

形態上数えられないもの

- **money**（お金）
- **plastic**（ビニール、プラスチック）
- **paper**（紙）　＊「新聞」「書類」の意味では数えられる。
- **soap**（石けん）
- **precipitation**（降水量）

抽象的なもの

- **work**（仕事）
- **knowledge**（知識）
- **progress**（進歩）
- **integrity**（誠実さ）
- **information**（情報）
- **behavior**（ふるまい）
- **reliability**（信頼性）
- **hospitality**（もてなし）

総称的なもの

- **furniture**（家具）
- **machinery**（機械類）
- **merchandize**（商品）
- **kitchenware**（台所用品）
- **apparel**（衣料品）
- **equipment**（装置）
- **baggage / luggage**（荷物）
- **cutlery**（カトラリー）

Exercises

Score 600: 10 min. Score 730: 9 min. Score 860: 8 min.

空所に最適な語句を入れてください。

1. Maintenance technicians removed a ------- of the office scanner and substituted another one.
   - (A) pile
   - (B) component
   - (C) repetition
   - (D) language

2. Goiu East Retail Co. uses special market trend software to track changes in consumer -------.
   - (A) demand
   - (B) consequence
   - (C) search
   - (D) statement

3. Calti Paper Co. made quick ------- in implementing its rebranding strategy.
   - (A) progress
   - (B) surprise
   - (C) experience
   - (D) lesson

4. Lisa Pine confirmed her ------- to go to the Ninth Annual Restaurateur Conference.
   - (A) boundary
   - (B) headline
   - (C) completion
   - (D) availability

Correct Answers

1. 正解 **(B)** 速 of the office scanner を見る ★

解説 a ------ of the office scanner とあるので、空所に入るのは「オフィススキャナー」の何かである。(B) component（部品）が正解。他の選択肢は、(A) pile（山；積み重ね）、(C) repetition（反復）、(D) language（言語）。

訳 保守管理技術者はオフィススキャナーの部品の1つを外して、別のものに替えた。

☐ **remove** 他 外す　　　　　　　☐ **substitute** 他 替える

2. 正解 **(A)** 速 consumer との結びつき ★

解説 consumer（消費者）との定型的な結びつきから (A) demand（需要）に絞り込める。market trend software（市場トレンドソフト）もヒントになる。他の選択肢は、(B) consequence（結果）、(C) search（調査；捜査）、(D) statement（声明）。

訳 ゴイウ・イースト・リテール社は、消費者の需要の変化を追跡する特別な市場トレンドソフトを使っている。

☐ **track** 他 追跡する　　　　　　☐ **consumer** 名 消費者

3. 正解 **(A)** 速 made quick に注目 ★

解説 動詞 make と組み合わせて使い、また quick（すばやい）と結びつくものが何かを考える。選択肢は、(A) progress（進行；進歩）、(B) surprise（驚き）、(C) experience（経験）、(D) lesson（授業；教訓）なので、(A) が正解となる。

訳 カルチ・ペーパー社はすばやい進行でブランド刷新戦略を実施した。

☐ **implement** 他 実行する　　　　☐ **rebranding** 名 ブランドの刷新・再構築

4. 正解 **(D)** 文 to go to 〜がヒントに ★★

解説 Ninth Annual Restaurateur Conference という会議に出かける何を確認した（confirmed）のかを考える。(D) availability は「予定が空いていること」の意味があるので、これが正解。他の選択肢は、(A) boundary（境界；範囲）、(B) headline（見出し）、(C) completion（完了）。

訳 リサ・パインは9回目の年次レストラン経営者会議に出席できることを確認した。

☐ **confirm** 他 確認する
☐ **restaurateur** 名 レストラン経営者（フランス語より）

5. The KPix Tablet offers unique product -------, easily lasting more than seven years under conditions of normal wear and tear.

(A) critic
(B) establishment
(C) durability
(D) facility

6. Haltan Biscuit Factory has an employee ------- of three work shifts of 200 people each.

(A) rotation
(B) exercise
(C) punctuality
(D) agency

7. Ahmed Fertilizer Co. submitted a significant ------- on some aspects of the proposed joint venture with Loppleon Lawn and Garden.

(A) habit
(B) downturn
(C) concession
(D) sadness

8. Spotlights at the Autumn Classical Music Festival gave off pleasant night ------- for the outdoor areas.

(A) illumination
(B) point
(C) illustration
(D) photograph

Correct Answers

5. 正解 **(C)** 文 カンマ以下を理解する ★★

解説 easily lasting more than seven years under conditions of normal wear and tear（通常の消耗の条件下で容易に7年以上はもつ）をヒントに product（製品）の何が unique（独自である）かを考えると、(C) durability（耐久性）が適切とわかる。他の選択肢は、(A) critic（批評家）、(B) establishment（組織）、(D) facility（施設）。

訳 KPix タブレットは独自の製品耐久性を提供していて、通常の消耗の条件下では容易に7年以上はもつ。

□ **wear and tear** 消耗；摩耗

---

6. 正解 **(A)** 速 空所の前後に注目 ★★

解説 空所の前が employee（社員）、後が of three work shifts（3回のシフト勤務）なので、(A) rotation（交替）がぴったり。他の選択肢は、(B) exercise（練習）、(C) punctuality（時間厳守）、(D) agency（代理店）。

訳 ハルタン・ビスケット工場は、それぞれ200名の従業員で3回のシフト勤務を行っている。

□ **work shifts** 交替勤務

---

7. 正解 **(C)** 文 空所の前後に注目 ★★★

解説 空所は submitted（提出した）の目的語になっている。また、空所は on を介して、some aspects of the proposed joint venture（合弁事業のいくつかの側面）につながっている。選択肢では (C) concession（譲歩）しか適切なものはない。他の選択肢は、(A) habit（習慣）、(B) downturn（下向き）、(D) sadness（悲しみ）。

訳 アーメド肥料社は、提案されているロプリオン・ローン・アンド・ガーデン社との合弁事業のいくつかの側面について重要な譲歩案を提出した。

□ **fertilizer** 名 肥料　　　　□ **aspect** 名 側面
□ **joint venture** 合弁事業

---

8. 正解 **(A)** 速 Spotlights と night がヒントに ★

解説 主語の Spotlights が提供した（gave off）もので night と組み合わせて意味をもつものは、(A) illumination（照明）である。他の選択肢は、(B) point（要点；ポイント）、(C) illustration（挿し絵；図解）、(D) photograph（写真）。

訳 秋期クラシック音楽フェスティバルのスポットライトは、屋外エリアに楽しげな夜間照明を提供した。

□ **give off** ～を発する；～を出す　　□ **pleasant** 形 楽しい；魅力的な

9. Rising prices over a range of goods last quarter could be an important ------- of impending inflation.

(A) predictor
(B) attention
(C) compliment
(D) assertion

10. For taxation purposes, Falston City officials made an annual ------- of the total value of the Geni Office Complex.

(A) leader
(B) nomination
(C) trial
(D) assessment

11. Visitors to Lavelle Park can enjoy a guided ------- through its forest and lake sections.

(A) property
(B) development
(C) excursion
(D) fun

12. Veocen Flat Panel Displays has multiple investment ------- domestically and internationally.

(A) elections
(B) frequencies
(C) detours
(D) alternatives

Correct Answers

9. 正解 (A) 文 impending inflation と主語に注目 ★★★

解説 Rising prices（値段の上昇）が impending inflation（差し迫るインフレ）の何かを考える。(A) predictor（兆候）、(B) attention（注意）、(C) compliment（賞賛）、(D) assertion（主張）なので、(A) が正解である。

訳 前四半期にさまざまな商品の値段が上がったことは、差し迫るインフレの重要な兆候かもしれない。

☐ **a range of** 多種多様な〜　　☐ **impending** 形 迫り来る

10. 正解 (D) 文 文全体を見る ★★

解説 the total value（総合的な価値）について何をしたのかを考える。冒頭の For taxation purposes（課税の目的で）もヒントになる。選択肢は、(A) leader（指導者）、(B) nomination（指名）、(C) trial（試行）、(D) assessment（評価）なので、(D) が正解。

訳 課税を目的として、ファルストン市の職員はジェニ・オフィスビルの総合的な価値について年次の評価を行った。

☐ **taxation** 名 課税　　☐ **complex** 名 複合ビル

11. 正解 (C) 文 主語と guided がヒントに ★★

解説 主語は Visitors to Lavelle Park なので、公園の訪問者が楽しめるもので、guided（ガイド付き）であることも考えると、(C) excursion（散策）が最適。他の選択肢は、(A) property（不動産）、(B) development（発展）、(D) fun（楽しみ）。

訳 ラヴェル公園の訪問者は、その森林や湖のエリアをガイド付きでめぐる散策を楽しむことができる。

12. 正解 (D) 文 investment に注目 ★★★

解説 investment（投資）と組み合わせて意味を持つ名詞を考える。multiple（多様な）や domestically and internationally（国内、海外の両方で）もヒントになる。選択肢は、(A) elections（選挙）、(B) frequencies（頻度）、(C) detours（回り道）、(D) alternatives（選択肢）である。investment alternatives で「投資の選択肢」となるので、(D) が正解となる。

訳 ヴェオセン・フラットパネル・ディスプレイズは、国内と海外の両方で多様な投資の選択肢をもっている。

☐ **multiple** 形 多様な

13. Avinez Bottled Water Co. released its financial report for the most recent ------- which spanned its third fiscal quarter.
 (A) level
 (B) period
 (C) exclusion
 (D) fare

14. The core ------- of Devon Campbell's analysis was supported by a large amount of research data.
 (A) token
 (B) headquarters
 (C) length
 (D) assertion

15. An advance of €150 was necessary to secure the resort cabin for the Blake Family, with the remaining €2,000 payable in -------.
 (A) regulations
 (B) installments
 (C) requirement
 (D) perspective

16. Edward Mallory had no ------- about quitting his job to launch his own company, although he would initially earn little money.
 (A) comparison
 (B) lessening
 (C) regrets
 (D) sponsor

Correct Answers

13. 正解 (B) 文 the most recent 以下を理解する ★★

解説 空所は the most recent の後にあり、関係代名詞の which を介して spanned its third fiscal quarter（第3四半期を含む）と続いていることから「時間」に関する単語が入ると予測できる。選択肢では (B) period（期間）がそれに当たる。他の選択肢は、(A) level（程度；レベル）、(C) exclusion（除外）、(D) fare（運賃；料理）。

訳 アヴィネス・ボトルドウォーター社は、第3会計四半期を含む最新期間の財務報告を発表した。

☐ **span** 他 及ぶ；わたる ☐ **fiscal** 形 会計の；財務の

14. 正解 (D) 文 文全体を見る ★★★

解説 The core ------ of Devon Campbell's analysis から、空所に入る単語は analysis（分析）と関連していて、また a large amount of research data（多くの調査データ）によって補強されるものである。選択肢は、(A) token（しるし）、(B) headquarters（本社）、(C) length（長さ）、(D) assertion（主張）なので、(D) しか適当なものはない。

訳 デヴォン・キャンベルの分析の核心となる主張は、多くの調査データによって補強されていた。

☐ **core** 名 核心 ☐ **analysis** 名 分析

15. 正解 (B) 速 payable in だけから解ける ★★

解説 payable in ------（〜で支払うことができる）だけから (B) installments（分割払い）に絞れる。An advance of €150（前金が 150 ユーロ）、the remaining €2,000（残額の 2000 ユーロ）もヒントになる。他の選択肢は、(A) regulations（規則）、(C) requirements（要件）、(D) perspective（視点）。

訳 ブレイク家のためにリゾートキャビンを確保するのに、前金で 150 ユーロ必要で、残額の 2000 ユーロは分割で支払うことができた。

☐ **advance** 名 前金 ☐ **secure** 他 確保する
☐ **cabin** 名 山小屋；キャビン ☐ **payable** 形 支払うべき；支払い可能な

16. 正解 (C) 文 文脈を把握する ★★

解説 quitting his job to launch his own company（仕事を辞めて自分の会社を起こした）ことをどう思ったか。although he would initially earn little money（最初はわずかの金額しか稼げないかもしれなかったが）もヒントに考えると、(C) regrets（後悔）が最適。他の選択肢は、(A) comparison（比較）、(B) lessening（減少）、(D) sponsor（後援者；スポンサー）。

訳 エドワード・マロリーは、最初はわずかの金額しか稼げないかもしれなかったが、仕事を辞めて自分の会社を起こしたことに後悔はなかった。

☐ **quit** 他 やめる ☐ **launch** 他 立ち上げる

17. Senodtran Industrial Materials Co. ended its ------- on a sole supplier by accepting several more through a bidding process.

(A) salary
(B) reliance
(C) contact
(D) pattern

18. Attendance at the Best Management Practices lecture ------- is expected to rise 24.6 percent through the year.

(A) individual
(B) transaction
(C) series
(D) characters

19. Varko Consulting Co. lends its 120 years of industry ------- to help clients deal with both large and small business challenges.

(A) laboratory
(B) expertise
(C) subscription
(D) phase

20. The Albryd Shopping Mall has no ------- for personal items lost or stolen on its premises.

(A) constraint
(B) defendant
(C) liability
(D) feasibility

Correct Answers

17. 正解 (B) 文 文全体を見る ★★★

解説 accepting several more through a bidding process（入札でさらに数社のサプライヤーを受け入れること）によって、a sole supplier（1社のサプライヤー）への何をやめたのか考える。選択肢は、(A) salary（給与）、(B) reliance（依存）、(C) contact（接触）、(D) pattern（様式；形式）なので、(B) が正解。

訳 セノドトラン工業マテリアルズ社は、入札でさらに数社のサプライヤーを受け入れることによって、1社のサプライヤーに依存することをやめた。

- □ **material** 名 素材
- □ **bidding** 名 入札
- □ **sole** 形 ただ1つの

18. 正解 (C) 速 lecture と through the year を見る ★★

解説 lecture に続く名詞が何かを考える。through the year（1年を通して）もヒントになる。選択肢は、(A) individual（個人）、(B) transaction（取引）、(C) series（シリーズ）、(D) characters（性格）なので、(C) が正解。

訳 ベスト・マネジメント・プラクティシズの講義シリーズの出席者は年間を通して24.6%増加すると予想されている。

- □ **attendance** 名 出席者

19. 正解 (B) 文 文全体を見る ★★★

解説 Varko Consulting Co. というコンサルティング会社が、help clients deal with 〜 business challenges（企業の問題に対処できるようにクライアントを支援する）のに提供するものが何かを考える。選択肢は、(A) laboratory（研究所）、(B) expertise（専門知識）、(C) subscription（定期購読）、(D) phase（局面；段階）なので、(B) が最適。

訳 ヴァーコ・コンサルティング社は120年にわたる工業の専門技術を提供して、クライアントが規模の大小にかかわらず企業の問題に対処できるよう支援します。

20. 正解 (C) 文 for personal items lost or stolen に注目 ★★

解説 personal items lost or stolen（なくしたり盗難されたりした私物）に対して何をもたないのかを考える。選択肢は、(A) constraint（拘束）、(B) defendant（被告）、(C) liability（責任）、(D) feasibility（実現性）なので、(C) が正解。

訳 アルブリド・ショッピングモールは、敷地内でなくしたり盗難されたりした私物に責任は負いません。

- □ **premises** 名 敷地

Column 英文法ワンポイント❽
形容詞と前置詞の組み合わせ

〈形容詞 + 前置詞〉の組み合わせは定型的なものが数多くあります。TOEIC によく出るものをまとめて紹介します。

be particular about（〜にうるさい）
be followed by（続いて〜がある）
be eligible for（〜の権利がある）
be liable [responsible] for（〜に責任がある）
be absent from（〜を欠席する）
be exempt from（〜を免除されている）
be proficient in（〜に熟達している）
be aware of（〜に注意する）
be capable of（〜ができる）
be independent of（〜から独立している）
be short of（〜が足りない）
be sure of（〜を確信している）
be true of（〜に当てはまる）
be dependent on（〜に依存している）
be intent on（〜に熱中している）
be accustomed to（〜に慣れている）
be equivalent to（〜と同等である）
be indifferent to（〜に無関心である）
be similar to（〜に似通っている）
be subject to（〜に従わなければならない；〜の影響を受けやすい）
be familiar with（〜をよく知っている）

DAY 9

長文空所補充

Part 6 は長文の空所に入る適語を選ぶ問題です。形の上では Part 5 の短文空所補充の延長ですが、ほとんどの設問は文脈を理解しないと解けない設定になっています。新形式では「文選択」の問題が出るようになりました。

解法 29 文脈を意識しながら、最初からぜんぶ読む ･･･ 158

解法 30 まず直前の文→次に直後の文→
文章全体に見る範囲を広げる ･･････････････ 158

解法 29 文脈を意識しながら、最初からぜんぶ読む

Part 6 は、長文という特性を生かした、文脈に依存した空所補充問題が設定されています。文選択の設問も新たに加わり、ますます文脈に依存する傾向が強まったと言えます。こうした設問設定を考えると、問題文を最初からすべて読むことが結果的に効率的な解き方と言えます。

STEP 1 頭から全部読む
▼
STEP 2 選択肢を見て、問題の種類を知る
▼
STEP 3 文中にヒントを探る

解法 30 まず直前の文→次に直後の文→文章全体に見る範囲を広げる

Part 6 の問題の多くは直前の文を見ることで解決します。直前の文を見なければならない問題の典型は「代名詞」や「つなぎ言葉」を選ぶものです。他にも「時制」や「語彙問題」で、直前の文を見れば解けるものがあります。

代名詞の処理

代名詞が受ける言葉は前文にあることが多いので、まず前文を見る。

Our company has over 20 branches across Asia. Most of them are located in the ASEAN nations.
当社はアジアに 20 以上の支社をもっている。その多くはアセアン諸国にある。

✔ branches（支社）を受けていることがわかれば、them を選べる。

つなぎ言葉の処理

文頭にくるつなぎ言葉（接続詞・接続副詞）は前文からのロジックの流れを見極めて選ぶ。

Our team has been working overtime for one month. Yet, the project is still behind schedule.

私たちのチームは 1 カ月間残業をし続けてきた。しかし、プロジェクトは依然、遅れたままだ。

✔ 直前の文の「1 カ月間残業をし続けてきた」ことと、「プロジェクトは依然、遅れたままだ」はロジックが逆になっている。したがって、Yet など逆接の意味のつなぎ言葉を入れる。

〈順接〉 **and, so, therefore** など
〈逆接〉 **but, however, while, otherwise, nevertheless** など
〈付加〉 **besides, in addition, as well** など
〈時間〉 **then, when, afterwards, beforehand** など
〈条件〉 **if, unless** など

言葉の言い換え

「言葉の言い換え」は、直前の文・直後の文で解決することもありますが、離れたところにヒントを探さなければならないこともあります。

LX Electronics launched an innovative vacuum cleaner this spring. --
----
It is nominated for Appliance of the Year Award.

LX エレクトロニクスはこの春に画期的な電気掃除機を発売した。（中略）それは年間家電大賞にノミネートされている。

✔ vacuum cleaner というヒントから、その言い換えの Appliance が選べる。しかし、このヒントは離れたところにあることも。

文選択

文選択の問題では、「選択肢にある言葉」「代名詞の指示関係」「時間の前後関係」など複数のアプローチで正解を絞り込みましょう。

ひっかけの選択肢を排除するには、選択肢をその空所に入れてみて前後にスムーズにつながるかを確認しましょう。

また、「文選択問題」が文章の冒頭にくる場合には導入の文として適当か、文章の最後にくる場合は結びの文として適当かも判断材料になります。

☞ 例題の Q4 を参照

例題 Questions 1-4 refer to the following e-mail.

To: Dong-mi Han
From: Brett Nelson
Subject: Business Information
Date: October 23

Dear Ms. Han,

In the lower part of this e-mail, please find an important ---1.--- that you and the rest of the board requested.

Further details are in the attachment. It clearly indicates that we have not met most of our business targets for the year. ---2.---, there are also some positive data: sales at some of our newest stores rose 7.1 percent. We did not perform well on nearly any other ---3.---, however, even during the holiday shopping season.

Quarterly performance, fiscal year to date

Quarter:	Sales (in millions):
1	$893
2	$891
3	$888

---4.---.

Yours sincerely,
Brett Nelson

Attachment

言葉の言い換え ▶▶ 下部にある表の情報を何と呼ぶかを考える

1. (A) summary
   (B) directive
   (C) résumé
   (D) translation

つなぎ言葉 ▶▶ 前文とのロジックを考える

2. (A) Likewise
   (B) As an example
   (C) In effect
   (D) Yet

言葉の言い換え ▶▶ 前文の内容をつかむ

3. (A) metric
   (B) reason
   (C) cause
   (D) frame

文選択問題 ▶▶ 文章全体の流れを確認する。ロジックを把握しよう

4. (A) We were fortunate to have done so well.
   (B) Thank you for your final approval of this project.
   (C) More effort must be put into the final quarter.
   (D) To conclude, we are on track for another record year.

1. **正解 (A)** 🈁 ヒントが離れている 〈言い換え〉 ★★★

   解説 please find an important ------ とあり、「重要な〜」を見極めなければならない。この文の冒頭には In the lower part of this e-mail と書かれているので、このメールの後のほうを見る。Quarterly performance, fiscal year to date: とあり、その下に売り上げ数字の一覧がある。これが何かを考えれば、(A) summary（概要）が最適とわかる。他の選択肢は、(B) directive（指示）、(C) résumé（履歴書）、(D) translation（翻訳）。

2. **正解 (D)** 🈁 直前の文を見る 〈つなぎ言葉〉 ★★

   解説 前文には have not met most of our business targets（今年の業務目標の大半を達成していない）、空所の文には is also some positive data（好ましいデータもある）と書かれている。両者は逆のことを言っているので、つなぎ言葉は逆説の意味をもたなければならない。ここから (D) Yet（しかし）を選ぶ。他の選択肢は、(A) Likewise（同様に）、(B) As an example（例として）、(C) In effect（実際には）。

3. **正解 (A)** 🈁 直前の文を見る 〈言い換え〉 ★★

   解説 この文の前半は「私たちは他のほとんどの〜では十分な実績をあげていません」という意味。前文では sales の数字を述べているので、空所にも「数字」に近い言葉が入ると予測できる。(A) metric は「数値」という意味なので、これが正解。他の選択肢は、(B) reason（理由）、(C) cause（原因）、(D) frame（枠）。

4. **正解 (C)** 🈁 文章全体の流れを考える 〈文選択〉 ★★

   解説 第 2 パラグラフでは「今年の業務目標の大半を達成していない」「休暇シーズンも芳しくない」というネガティブな業績報告をしている。その後の表でも、第 1 四半期から第 3 四半期にかけて、数字は減少している。最後にくる文としては、「よくない実績」を踏まえる必要がある。(C)「最終四半期にはさらに努力をしないといけません」が最適。(A) と (D) は好業績を反映したコメントでこの文章の流れに反する。(B) は、project が問題文中に出ておらず、見当違いである。

   (A) われわれは幸運にもよい実績をあげられました。
   (B) このプロジェクトを最終的に承認していただきありがとうございます。
   (C) 最終四半期にはさらに努力をしないといけません。
   (D) 結論を言うと、われわれは再度、記録的な年の途上にいます。

訳 設問 1 〜 4 は次のメールに関するものです。

受信者：ドンミー・ハン
発信者：ブレット・ネルソン
件名：業務情報
日付：10 月 23 日

ハン様

このメールの後のほうに、あなたと取締役会の他のメンバーがリクエストした重要な❶概要がありますのでごらんください。

さらに詳しい情報は添付書類に入っています。それが、私たちが今年の業務目標の大半を達成していないことを明確に示しています。❷しかし、好ましいデータもあります。当社の最新の店舗のいくつかで売り上げが 7.1％ 増加しています。しかしながら、私たちは他のほとんどの❸数値では、休暇の買い物シーズンですら、十分な実績をあげていません。

四半期実績、現在までの会計年度：

四半期　　売り上げ (百万ドル)：
　1　　　$893
　2　　　$891
　3　　　$888

❹最終四半期にはさらに努力をしないといけません。

よろしくお願いします。
ブレット・ネルソン

（添付書類）

- **the board**　取締役会
- **contain**　他 含む
- **to date**　現在までの
- **conclude**　自 結論を出す
- **indicate**　他 示す
- **fiscal year**　会計年度
- **attachment**　名 添付書類
- **on track**　順調に進んで

Exercises

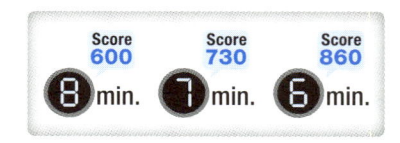

空所に最適な語句を入れてください。

Questions 1-4 refer to the following e-mail.

To: Gerald Hackford
From: Shiori Maeda
Subject: Guangzhou Factory
Date: February 9

Gerald,

I read your February 6 production forecast on our Guangzhou factory. There are a few things from your ------- that I want to comment on. For example, you wrote that production ------- by up to 12.6 percent, based on customer orders. In line with that, you recommended that assembly line machinery ------- to meet this customer demand smoothly. -------.
    1.   2.
                        3.
                                    4.

I'll think this over carefully and then get back to you with my thoughts.

Regards,
Shiori Maeda
Chief Operating Officer

1. (A) transfer
   (B) residence
   (C) regulation
   (D) prediction

   Ⓐ Ⓑ Ⓒ Ⓓ

2. (A) could have increased
   (B) would increase
   (C) has been increasing
   (D) had increased

   Ⓐ Ⓑ Ⓒ Ⓓ

3. (A) are upgraded
   (B) be upgraded
   (C) will upgrade
   (D) upgraded

   Ⓐ Ⓑ Ⓒ Ⓓ

4. (A) I appreciate your answering my questions.
   (B) It was good to see that implementation went smoothly.
   (C) Nothing so substantial will be decided very quickly.
   (D) I hope that my recommendations are clear enough to all of you.

   Ⓐ Ⓑ Ⓒ Ⓓ

Questions 5-8 refer to the following notice.

Street Closure

Date: March 6

Larsen Road between 9th Avenue and 27th Avenue

This ------- is scheduled to be closed for general upgrades and improvements, including re-paving and lighting improvement. -------. Commuters who ------- by this work can review other ways to get to their destinations. Such ------- routes are widely available on the Web. We recommend checking them before traveling through this neighborhood.

Our goal is to minimize any inconveniences that you may experience. We will provide updates as they become available.

Katrina Parker
Director of Transportation

5. (A) area
   (B) installation
   (C) station
   (D) facility

6. (A) These openings are for all qualified individuals.
   (B) To avoid delays in your travel, please plan ahead.
   (C) Our overall plans are still in the preliminary stages.
   (D) We could not have done this without your cooperation.

7. (A) should have been affected
   (B) would have been affected
   (C) were affected
   (D) will be affected

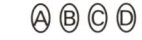

8. (A) breakthrough
   (B) successful
   (C) alternate
   (D) electable

Questions 9-12 refer to the following letter.

Wave-F Telecom, Inc.
www.waveftelecominc.net/customerservice/

October 16
Roberto Diaz
83 Walker Avenue

Dear Mr. Diaz,

Enclosed, please find your new mobile phone, the DT500. You have ordered a ---9.--- that is not only popular but exceptionally durable. ---10.---, you can expect to enjoy years of use from the phone. The warranty that accompanies it is an added measure of assurance. To activate the phone, please follow the instructions in the manual. You will find this ---11.---. ---12.---.

If you have any questions, please contact our customer service center through the Web site above.

Yours sincerely,
Bart Shipley
Representative

9. (A) device
 (B) trip
 (C) guide
 (D) room

10. (A) Moreover
 (B) Despite that
 (C) Regardless
 (D) As a result

11. (A) paid
 (B) linked
 (C) included
 (D) posted

12. (A) Be assured that the item is on its way.
 (B) The refund will show up in your account shortly.
 (C) The entire setup process will not take long at all.
 (D) Contact us if you have this sort of problem again.

Correct Answers

1. 正解 **(D)** 🔵 直前の文を見る 〈名詞の言い換え〉 ★★

解説 前文に your February 6 production forecast とあり、空所の文の your ------ はこれを受けるので、空所には forecast と似通った意味の単語が入ると考えられる。forecast は「予測」なので、(D) prediction（予測）を選ぶ。他の選択肢は、(A) transfer（移転；送金）、(B) residence（住居）、(C) regulation（規則）。

2. 正解 **(B)** 🔵 文脈を確認 〈時制〉 ★★

解説 これまでの文脈から production はこれからの予測の話で、空所には未来形が必要。しかし、ここは you wrote と主文が過去形なので、時制の一致で will は would になる。(B) would increase が正解。

3. 正解 **(B)** 🔵 空所の文だけ 〈動詞の形〉 ★★★

解説 主文が you recommended で、recommend という「推奨」の動詞が使われていることに注目。「推奨」の動詞が導く that 節は仮定法現在となり、動詞は原形にしなければならない。したがって、(B) be upgraded が正解となる。

4. 正解 **(C)** 🔵 前後の文を見る 〈文選択〉 ★★

解説 前文では「組み立てラインの機械」に対する提案が述べられている。また、次の文では「このことは慎重に検討したい」と書いている。したがって、空所は前文の提案についてのコメントで、次の文の「慎重に検討する」につながる内容でないといけない。(C)「これほど重要なことはすぐには決められません」が最適。(A) は、questions が問題文にないので不可。(B) は、本文では implementation（実行）がまだ行われていないので矛盾する。(D) は、本文では提案は相手がしているのに、my recommendations と立場が逆になっておかしい。

(A) 私の質問にお答えいただきありがとうございます。
(B) 実行が円滑に行われてよかったです。
(C) これほど重要なことはすぐには決められません。
(D) 私の提案は皆さん全員に十分明快だと思います。

訳 設問1〜4は次のメールに関するものです。

宛先：ジェラルド・ハックフォード
発信者：シオリ・マエダ
件名：広州工場
日付：2月9日

ジェラルド、

2月6日付けの広州工場に関する予測を読みました。あなたの❶予測について、意見を言いたいことがいくつかあります。たとえば、顧客の注文に基づいて、生産量が12.6%まで❷増えるだろうと書いていますね。この点に関して、この顧客の需要に円滑に応えるために組み立てラインの機械を❸刷新することをあなたは勧めています。❹これほど重要なことはすぐには決められません。

このことは慎重に検討して、それから私の考えを伝えるようにします。

よろしく、
シオリ・マエダ
最高執行責任者

- □ **forecast** 名 予測
- □ **assembly line** 組み立てライン
- □ **smoothly** 副 円滑に
- □ **implementation** 名 実行
- □ **based on** 〜に基づいて
- □ **demand** 名 需要
- □ **appreciate** 他 感謝する
- □ **substantial** 形 重要な

Correct Answers

5. 正解 **(A)** 文 タイトルを見る 〈言い換え〉 ★

解説 タイトルには Street Closure とあり、「道路が閉鎖される」告知とわかる。また、その後にある Larsen Road between 9th Avenue and 27th Avenue は道路の閉鎖区間のことである。空所はこの言い換えなので、場所を示す言葉でなければならない。(A) area（区域；区間）が最適。他の選択肢は (B) installation（設置）、(C) station（駅）、(D) facility（施設）。

---

6. 正解 **(B)** 文 前後の文を見る 〈文選択〉 ★★

解説 道路の閉鎖について、前文では「全般的な改良・改修が行われる」と述べている。次の文は「通勤者に他の道路を検討する」ように促す内容である。(B)「走行の遅れを避けるために、前もって予定を組むようにしてください」が前文を受けて、次の文にスムーズにつながる内容である。(A) は openings（求人）の話で不可。(C) は前文を受けることはできなくないが、次の文にうまくつながらない。(D) はすでに終わったことを述べていて、改良・改修が予定の段階であるとする本文と矛盾する。

(A) この求人は資格を有するすべての人を対象とします。
(B) 走行の遅れを避けるために、前もって予定を組むようにしてください。
(C) われわれのすべての計画はまだ準備段階にあります。
(D) 皆様の協力がなければ、これを実現できなかったでしょう。

---

7. 正解 **(D)** 文 2つ前の文を見る 〈時制〉 ★★

解説 2つ前の文の is scheduled to be closed より、補修工事はこれから先に起こることなので、この空所の述部も未来形でなければならない。したがって、(D) will be affected を選ぶ。

---

8. 正解 **(C)** 文 直前の文を見る 〈名詞〉 ★

解説 空所の前には Such があり、Such ～ routes で前文の同様の言葉を受けると考えられる。前文には other ways があるので、これを受けると考えれば、other と同様の意味を持つ (C) alternate（代替の；別の）が選べる。他の選択肢は、(A) breakthrough（革新的な）、(B) successful（成功した）、(D) electable（当選できる）。

172

訳 設問 5 〜 8 は次の告知に関するものです。

道路の閉鎖

日付：3月6日

ラーソン・ロードの 9 丁目〜 27 丁目の区間

この❺区間は、再舗装と照明の改良を含む、全般的な改修・改良のため閉鎖される予定です。❻走行の遅れを避けるために、前もって予定を組むようにしてください。この工事により❼影響を受ける通勤者は、目的地に行く他の道を検討してください。こうした❽代替ルートは、ウェブ上で幅広く閲覧できます。この近隣を通る前に、それらを確認することをお勧めします。

当局の目標は、みなさまが被る不便をできるかぎり少なくすることです。最新情報については、準備ができしだいお知らせいたします。

カトリナ・パーカー
交通局長

- □ **upgrade** 名 改修；刷新
- □ **re-paving** 名 再舗装
- □ **destination** 名 目的地
- □ **inconvenience** 名 不便
- □ **avoid** 他 避ける
- □ **preliminary** 形 準備段階の
- □ **improvement** 名 改良
- □ **commuter** 名 通勤者
- □ **neighborhood** 名 近隣地域
- □ **update** 名 最新情報
- □ **overall** 形 全般の

Correct Answers

9. 正解 **(A)** 直前の文を見る 〈名詞〉 ★

解説 You have ordered a ------ とあるので、何を注文したかを考える。前文には Enclosed, please find your new mobile phone とあり、同封されているのは mobile phone（携帯電話）。これを言い換えるには (A) device（機器）が適切。他の選択肢は、(B) trip（旅行）、(C) guide（案内）、(D) room（部屋）。

10. 正解 **(D)** 直前の文を見る 〈つなぎ言葉〉 ★★

解説 前文では、この携帯電話が exceptionally durable と述べている。空所の次は「お客様は何年にもわたって、この電話をご愛用いただけます」なので、空所には「因果関係」を示すつなぎ言葉が必要。選択肢で因果関係を示すのは (D) As a result（結果として）である。他の選択肢は、(A) Moreover（さらに）、(B) Despite that（それにもかかわらず）、(C) Regardless（それでもなお）でいずれも文脈に合わない。

11. 正解 **(C)** 直前の文を見る 〈過去分詞〉 ★

解説 空所の前の this は、前文から manual を指すと考えられる。「マニュアルがどうされているのを見つける」のかを考えれば、(C) included（同封されている）が最適。他の選択肢は、(A) paid（支払われている）、(B) linked（リンクが張られている）、(D) posted（掲示されている）。

12. 正解 **(C)** 2つ前の文に注目 〈文選択〉 ★★

解説 2つ前の文では、To activate the phone 〜と「携帯電話を起動する」方法を述べている。「起動」を setup と言い換えて、「すべてのセットアップのプロセスにさほど時間はかかりません」とする (C) が文脈に合う。(A) は on its way（配送途上）にあるとしているが、本文では携帯電話はすでに届いていて、矛盾する。(B) の refund（返金）や (D) の problem（問題）につながる記述は本文にないので、いずれも不可。

(A) その商品が配送途上にあることを確認させていただきます。
(B) まもなくお客様の口座に返金金額が表示されます。
(C) すべてのセットアップのプロセスにさほど時間はかかりません。
(D) こうした問題が再発したら当方にご連絡をお願いいたします。

訳 設問 9 〜 12 は次の手紙に関するものです。

ウェイブ F テレコム社
www.waveftelecominc.net/customerservice/

10 月 16 日
ロベルト・ディアス
ウォーカー・アベニュー 83

拝啓、ディアス様

同梱しました新しい携帯電話、DT500 をお受け取りください。お客様は、人気があるばかりでなく、きわめて耐久性に富んだ⁹機器を注文されました。¹⁰結果として、お客様は何年にもわたって、この電話をご愛用いただけます。添付される保証書は、追加の保証手段です。電話を起動するには、マニュアルの指示にしたがってください。マニュアルは¹¹同封されています。¹²すべてのセットアッププロセスにさほど時間はかかりません。

ご質問がありましたら、上記ウェブサイトを通して、顧客サービスセンターまでご連絡ください。

敬具
バート・シプリー
担当者

□ **enclose** 他 同封する
□ **durable** 形 耐久性がある
□ **accompany** 他 〜に付属する
□ **activate** 他 起動する
□ **representative** 名 担当者
□ **refund** 名 返金
□ **entire** 形 全体の

□ **exceptionally** 副 例外的に；非常に
□ **warranty** 名 保証書
□ **assurance** 名 保証
□ **instructions** 名 指示
□ **be assured that** 〜を確認する
□ **shortly** 副 すぐに

> Column　英文法ワンポイント ⑨

慣用表現

　Part 6 の文書はメールやレター、広告、報告書などでつくられています。こうした文書では基本的な慣用表現がよく使われます。

- ☐ I'd appreciate it if you could reply soon.
  すばやいご返答をお願いいたします。
- ☐ Thank you for your continued patronage.
  変わらぬご愛顧に感謝いたします。
- ☐ Don't miss this great opportunity.
  このすばらしい機会をお見逃しなく。
- ☐ Please don't hesitate to call me with any questions.
  どんなご質問についてもご遠慮なくお電話ください。
- ☐ Feel free to call me at your convenience.
  ご都合のいいときに、遠慮なくお電話ください。
- ☐ Rest assured that we'll do everything possible to help you.
  できるかぎりの支援をいたしますのでご安心ください。
- ☐ Attached please find updates for the project.
  プロジェクトの最新情報は添付ファイルをごらんください。
- ☐ Please let me know when is convenient for you.
  いつがご都合がいいかお知らせください。
- ☐ Please take a moment to fill out the following questionnaire.
  次のアンケートのご記入に少しお時間をお取りください。
- ☐ You are cordially invited to attend our next annual conference.
  私どもの次の年次総会に心よりご招待申し上げます。
- ☐ This small gift is a token of our appreciation.
  この小さなギフトは私どもの感謝のしるしです。
- ☐ The museum will be closed until further notice.
  追っての通知があるまで、博物館は閉鎖いたします。

DAY 10

模擬テスト

最後に模擬テストで学習の仕上げをしましょう。
Part 5・6の問題が1セット（46問）用意されています。
各目標スコアの制限時間を参考にトライしてみましょう。

Score 600	Score 730	Score 860
23 min.	20 min.	17 min.

Questions ································· 178

Correct Answers ···················· 192

Part 5

1. Ralph Fordham is a modern and effective manager ------- knows how to keep up with the best business practices.
   - (A) he
   - (B) when
   - (C) who
   - (D) his

2. Atlantic Airlines tickets ------- during the off-peak season are available at heavily discounted rates.
   - (A) reserving
   - (B) will reserve
   - (C) to reserve
   - (D) reserved

3. The famous painting *Smiling Crowd* is a prized ------- of the Lukestone Museum.
   - (A) possess
   - (B) possessive
   - (C) possession
   - (D) possessively

4. Drivers ------- their vehicles in the Snow Plains region should tune in to 88.2 FM radio for traffic and weather information.
   - (A) operating
   - (B) will operate
   - (C) operated
   - (D) to operate

5. The Ki-Liz™ mobile phone shuts off ------- once if its battery is removed from its rear section.
   (A) at
   (B) upon
   (C) as
   (D) by   Ⓐ Ⓑ Ⓒ Ⓓ

6. The board of directors ------- Ghazala Jiskani as the new CFO if she had wanted the position.
   (A) will select
   (B) to select
   (C) to be selecting
   (D) would have selected   Ⓐ Ⓑ Ⓒ Ⓓ

7. Martinck Print Co. -------- fulfills large-volume orders for companies throughout the European Union.
   (A) rely
   (B) reliable
   (C) reliably
   (D) reliance   Ⓐ Ⓑ Ⓒ Ⓓ

8. New metal-stamping equipment installed in Somox Furniture, Inc., factories provide unprecedented manufacturing -------.
   (A) precision
   (B) figure
   (C) statistic
   (D) honesty   Ⓐ Ⓑ Ⓒ Ⓓ

9. The Wooten Linen Co. and Orasick Importers, Inc., merger brought great business efficiencies ------- simply expanding market share.

(A) instead of
(B) for instance
(C) in case of
(D) such

Ⓐ Ⓑ Ⓒ Ⓓ

10. Chief Information Security Officer Rina Saito left for the data management meeting, asking her executive assistant to come -------.

(A) along
(B) between
(C) upon
(D) to

Ⓐ Ⓑ Ⓒ Ⓓ

11. The BTX industrial robot can easily ------- assembly line tasks with less than a 0.1 percent error rate.

(A) repeatedly
(B) repetition
(C) repeat
(D) repetitive

Ⓐ Ⓑ Ⓒ Ⓓ

12. Arnold Sutter's report to the audit committee was turned in early, ------- hard work by his team.

(A) due
(B) because
(C) owing to
(D) though

Ⓐ Ⓑ Ⓒ Ⓓ

13. Edward Okafor is considered an excellent purchasing manager, ------- supplier contracts with significant savings.

(A) negotiated
(B) will negotiate
(C) has negotiated
(D) negotiating

Ⓐ Ⓑ Ⓒ Ⓓ

14. The launch of its Ro-Go compact washing machine could ------- Lisstron Electronics as a major home goods manufacturer.

(A) predict
(B) establish
(C) contact
(D) summarize

Ⓐ Ⓑ Ⓒ Ⓓ

15. Sitk Fitness Centers are confident that ------- facilities are the best in the metropolitan area.

(A) his
(B) it's
(C) their
(D) they're

Ⓐ Ⓑ Ⓒ Ⓓ

16. Many home improvement ------- eagerly anticipate the next Jeston Tool Store seasonal sale.

(A) enthusiastic
(B) enthusiasm
(C) enthusiastically
(D) enthusiasts

Ⓐ Ⓑ Ⓒ Ⓓ

17. Seni Bank and Trust managerial ------- prohibit executives from dealing with any employees preferentially.

(A) tokens
(B) guidelines
(C) borders
(D) outposts

18. Hale Ball Bearings, Inc., nearly ------- some crucial supplies before replacements arrived.

(A) deported
(B) listened
(C) wore
(D) exhausted

19. Wong Industries has focused on the semiconductor field, ------- Roschen Technologies, which abandoned that area to focus on research and patent development.

(A) in line with
(B) with regard to
(C) aside from
(D) in contrast to

20. After a brief equipment check by safety inspector Mickey Albertson, the production line was allowed to -------.

(A) recall
(B) surround
(C) convene
(D) resume

21. Solomon Fisher's appearance at the Twenty-Second International Book Convention was quite -------, as his newest novel had just been released.

(A) timely
(B) widespread
(C) high
(D) exacting

22. Ram Kumar made ------- job applications at Bangalore companies before he was accepted into a trading firm.

(A) any
(B) every
(C) several
(D) much

23. The new *Fire Racer* running shoe release is 10 days overdue ------- nonetheless slated by analysts to become a profitable product.

(A) or
(B) but
(C) since
(D) so

24. As office manager, Charles Sanderson required his staff ------- to do their best at their jobs at all times.

(A) being motivated
(B) be motivated
(C) been motivating
(D) motivating

25. Families that rent bicycles at Middle Avenue Park receive a great opportunity to enjoy -------.

(A) its
(B) ours
(C) themselves
(D) ourselves

26. AGV Oil and Natural Gas Co. maintains an internal promotion policy that relies on sharp staff -------.

(A) competitive
(B) compete
(C) competition
(D) competitively

27. Syska Province is a place ------- many businesses open research facilities each year.

(A) when
(B) what
(C) how
(D) where

28. The Hadly City Youth Council is one of several ------- of the Annual Summer Art Festival.

(A) editorials
(B) notices
(C) organizers
(D) versions

29. CEO Mohammed Quraishi has a distinct ------- to consult carefully with his CFO before making decisions.

  (A) variation
  (B) tendency
  (C) line
  (D) action

30. After ------- some difficult issues, the Aniston Furniture Co. planning committee voted to open production facilities in Bogota.

  (A) settling
  (B) convincing
  (C) distracting
  (D) instructing

Part 6

Questions 31-34 refer to the following letter.

West State Library Volunteer Association
183 Park Street
October 9

Miguel Jimenez
9316 Popper Avenue

Dear Mr. Jimenez,

We have been assisting local libraries and related institutions for 87 years. ------- volunteers do basic tasks such as filing papers or putting books back on shelves. This work is -------, since many facilities in our area lack staff. -------. If you have time in your schedule, we would love to have you -------.
You can sign up at the Web site below.

Yours sincerely,
Timothy Spence
Director of Operations
www.weststatelibararyvolunteers.org

31. (A) This
(B) Its
(C) Her
(D) Our

32. (A) vital
(B) vitalize
(C) vitally
(D) vitality

33. (A) This is a chance to give back to the community.
(B) Your contribution has gone a long way for us.
(C) Space is limited at the event, so please act soon.
(D) Each dollar you give brings us much closer to our goal.

34. (A) donate
(B) join
(C) invest
(D) transfer

Questions 35-38 refer to the following Web page.

Your Pharmacy Online, Inc.
www.yourpharmaonline.net

Purchased Item: GHI Aspirin
Number: 1
Total, including tax and shipping: $8.99

------- **35.** The order can no longer be canceled or changed and is scheduled to be shipped within the next 24 hours. As per the terms of service, it -------- **36.** in 3-5 business days.

After it leaves our warehouse, the shipment tracking number will be activated and sent to the e-mail address you use for this account. Use it at our Web site to confirm the -------- **37.** of this shipment.

Please contact us if you -------- **38.** any delays.
Thank you again for your purchase.

The Customer Service Team
Your Pharmacy Online, Inc.

35. (A) Your answers to this survey are much appreciated.
 (B) We will respond to the complaint above within 24 hours.
 (C) Thank you for bringing this issue to our attention.
 (D) This confirms the transaction detailed above.

36. (A) arrived
 (B) will arrive
 (C) had arrived
 (D) would have arrived

37. (A) frequency
 (B) status
 (C) recommendation
 (D) transmission

38. (A) experience
 (B) postpone
 (C) avoid
 (D) inform

Questions 39-42 refer to the following information.

Parcko Technologies

All new employees must attend a formal ---39.---. These sessions normally last no longer than 90 minutes each. ---40.--- dealing with critical business issues, managers are required to help with these as necessary. Duties could include giving tours and explaining company policy. ---41.--- each of these is important, to make new staff feel welcome.

Managers are best positioned to make sure this important work is satisfactorily carried out. ---42.---.

39. (A) application
(B) transportation
(C) convention
(D) orientation

40. (A) If
(B) Since
(C) Unless
(D) When

41. (A) Reducing
(B) Answering
(C) Completing
(D) Protecting

42. (A) Whatever outcome occurs must be studied carefully.
(B) The success of the program relies on your participation.
(C) Research has indicated that the current approach is due for a change.
(D) Your risk of failure is reduced by checking in regularly with senior management.

Questions 43-46 refer to the following e-mail.

From: <samantha.dubcek@HollisterFabricInc.net>
To: <william.zane@HollisterFabricInc.net>
Date: 4 June
Subject: RE: Catering Service

William,

I reviewed the ------- **43.** outlined in your 2 June e-mail. Your idea of using a catering service for the 19 July shareholders meeting has many interesting points. -------**44.**, I have some concerns. For example, you gave several service estimates. Some are fairly reasonable but others are too high. -------**45.**. Also, you did not present a large number of caterers to compare, only three. I need to see more options.

Please rework your -------**46.**, and then resend it.

Thanks,
Samantha Dubcek
Operations Manager
Hollister Fabrics Co.

43. (A) charge
  (B) law
  (C) proposal
  (D) candidate

44. (A) However
  (B) Likewise
  (C) Similarly
  (D) Therefore

45. (A) The discounts you achieved in the bidding process are impressive.
  (B) The reforms that you established have clearly worked so far.
  (C) I am sorry that you declined to accept my advice on this matter.
  (D) I need to see a bigger price range.

46. (A) concept
  (B) approval
  (C) offering
  (D) regulation

Correct Answers

Part 5

1. 正解 (C) 速 knows の主語がない 〈関係代名詞〉 ★

解説 この文には動詞が is と knows の2つあり、knows には主語がない。したがって、主格の関係代名詞で連結させることを考えて (C) who を選ぶ。

訳 ラルフ・フォーダムは、最良の業務慣行をどうやって取り入れていくべきかを知っている現代的で有能なマネジャーだ。

□ effective 形 有能な　　　　□ keep up with ～についていく

---

2. 正解 (D) 文 tickets を修飾する過去分詞 〈動詞の形〉 ★★

解説 この文には are という動詞がすでにあり、空所は名詞と前置詞にはさまれているので、reserve の形は分詞でなければならない。(A) か (D) が候補だが、tickets は「(人に) 予約される」ものなので、過去分詞の (D) reserved を選ぶ。

訳 オフシーズンの期間に予約されるアトランティック航空のチケットは大幅な割引価格で利用できる。

□ rate 名 料金

---

3. 正解 (C) 速 prized に修飾される名詞 〈品詞の選択〉 ★

解説 空所は形容詞と前置詞にはさまれているので、入る可能性のあるのは名詞だけ。(C) possession が正解。a prized possession of the Lukestone Museum で「リュークストーン美術館の貴重な所蔵品」となり、文意も通る。

訳 有名な絵画『微笑む人々』は、リュークストーン美術館の貴重な所蔵品だ。

□ painting 名 絵画　　　　□ prized 形 貴重な；高く評価された

---

4. 正解 (A) 速 Drivers と their vehicles をつなぐ 〈動詞の形〉 ★

解説 should tune と動詞はすでにあるので、Drivers から region までが主語と考えられる。したがって、空所には operate の分詞を入れる。また空所の前後は Drivers と their vehicles で、主語と目的語の関係と考えられる。現在分詞の (A) operating を入れれば「車を運転する人」となり、文意も通る。

訳 スノー・プレーンズ地域で車を運転する人は、交通と天気の情報を知りたい場合は、88.2 の FM ラジオ局にチューニングしてください。

□ region 名 地域　　　　□ tune in to ～にチューニングする

5. 正解 **(A)** 速 once を使うイディオム 〈イディオム〉 ★

解説 空所の次は once で、選択肢で once と組み合わせてイディオムをつくれるのは (A) at である。at once で「すぐに」の意。「もし〜したらすぐに」となり、文意も通る。

訳 Ki-Liz™携帯電話は、背面から電池が外されるとすぐに切断されます。

☐ **shut off** 切断される；切れる ☐ **remove** 他 取り除く

6. 正解 **(D)** 文 if 節の動詞を見る 〈動詞の形〉 ★★

解説 この文の主節には動詞がないので、to 不定詞の (B) と (C) は不適。if 以下は had wanted と仮定法過去完了になっているので、過去のことを仮定している。これに呼応するのは〈助動詞 + have + 過去分詞〉の形なので、(D) would have selected が正解となる。

訳 取締役会は、もし彼女がそのポストを望んでいたなら、ガザラ・ジスカーニを新しい CFO に選任しただろう。

☐ **position** 名 ポスト；職位

7. 正解 **(C)** 速 fulfills を修飾する 〈品詞の選択〉 ★

解説 空所は主語 Martinck Print Co. の後ろで、動詞 fulfills の前にある。入るのは副詞なので、(C) reliably（期待通りに）を選ぶ。

訳 マーティンク印刷社は、EU 域内の会社からの大口注文を期待通りにこなす。

☐ **fulfill** 他 実行する

8. 正解 **(A)** 文 manufacturing との組み合わせ 〈名詞〉 ★★

解説 manufacturing（製造の）と組み合わせて意味をもつものを考える。また、文脈から equipment（装置）が提供するものでもある。選択肢は、(A) precision（精度）、(B) figure（数字；図）、(C) statistic（統計値）、(D) honesty（誠実）なので、(A) が正解。

訳 ソモックス家具社の工場に設置された新しい金属プレス装置は、これまでにない製造の精度を提供する。

☐ **metal-stamping equipment** 金属プレス装置
☐ **install** 他 設置する
☐ **unprecedented** 形 これまでにない；空前の

9. 正解 (A) 空所の前後は対立関係 〈イディオム〉 ★★

解説 空所の前は brought great business efficiencies（ビジネスの大きな効率性をもたらした）、後は simply expanding market share（単に市場シェアを拡大する）で、この両者が対立関係にあることに注目する。(A) instead of（〜ではなく）は後ろを否定して、前にくるものを強調する働きをする。「単に市場シェアを拡大するのではなく、ビジネスの大きな効率性をもたらした」と文意も通るので、(A) が正解。(B) for instance（たとえば）、(C) in case of（もし〜の場合には）では後ろの要素がうまくつながらない。

訳 ウートン・リネン社とオラシック・インポーターズ社の合併は、単に市場シェアを拡大するのではなく、ビジネスの大きな効率性をもたらした。

☐ **merger** 名 合併　　☐ **efficiency** 名 効率性
☐ **expand** 他 拡大する

10. 正解 (A) 文脈を考える 〈イディオム〉 ★★

解説 Saito は left for the data management meeting と「会議に向けて出発した」という文脈。役員秘書（executive assistant）に何を頼んだのかを考える。(A) along を入れると come along（同行する）となるので、これが正解。come between（〜の間に入る）、come upon（〜に偶然会う）、come to（〜にやって来る）はいずれも目的語が必要であるし、文脈にも合わない。

訳 最高情報保安責任者のリナ・サイトウは、データ管理会議に出かけるのに、彼女の役員秘書に同行するよう求めた。

☐ **executive assistant** 役員秘書

11. 正解 (C) 動詞がない 〈品詞の選択〉 ★

解説 空所は助動詞 can と副詞 easily の後ろで、次は名詞である。したがって、assembly line tasks という名詞を目的語とする動詞が入る。(C) repeat（繰り返す）が正解となる。

訳 BTX 工業用ロボットは、0.1％以下のエラー率で、組み立てラインの作業を容易に繰り返すことができる。

☐ **assembly line** 組み立てライン

12. 正解 (C) 文全体を見る 〈イディオム〉 ★★

解説 空所の後は名詞なので、入るのは前置詞（句）である。「報告書が早く提出された」ことと「彼のチームの懸命な努力」の関係を考えて、(C) owing to（〜のおかげで）を選ぶ。(A) の due は due to（〜のために）、(B) の because は because of（〜のために）なら正解になる。

訳 監査委員会宛てのアーノルド・サターの報告書は、彼のチームの懸命な努力のおかげで、早く提出された。

☐ **audit** 名 監査　　☐ **turn in** 〜を提出する

13. 正解 (D) 文 カンマと次の名詞に注目 〈動詞の形〉 ★

解説 カンマ以下は主文の付加的な要素で、主文につなぐためには動詞は分詞にして分詞構文をつくらなければならない。(D) negotiating が正解である。

訳 エドワード・オケイフォーは、サプライヤー契約を交渉で格安にまとめるので、優秀な購買部長とみなされている。

☐ **purchasing manager** 購買部長　　☐ **significant** 形 相当な
☐ **savings** 名 節約

14. 正解 (B) 文 文全体を見る 〈動詞〉 ★★

解説 「洗濯機 (washing machine) の発売 (launch) が主要な家庭用品メーカーとして (a major home goods manufacturer) 〜できた」という文脈。as (〜として) もヒントになる。選択肢は、(A) predict (予測する)、(B) establish (確立する)、(C) contact (接触する；連絡する)、(D) summarize (要約する) なので、(B) が正解である。

訳 Ro-Go コンパクト洗濯機の発売により、リストロン・エレクトロニクスは主要な家庭用品メーカーとしての地位を確立できた。

☐ **launch** 名 発売　　☐ **manufacturer** 名 製造業者

15. 正解 (C) 文 空所は facilities にかかる 〈代名詞〉 ★

解説 that 節の中に空所があり、すでに主語の facilities と動詞の are がある。したがって、空所に入るのは所有格の代名詞。受ける言葉は Sitk Fitness Centers しかないので、(C) their を選ぶ。

訳 シトク・フィットネスセンターズは、その設備が都市圏で一番だということが自慢です。

☐ **facility** 名 施設　　☐ **metropolitan** 形 都市部の

16. 正解 (D) 速 主語になる名詞 〈品詞の選択〉 ★★

解説 空所の後は副詞・動詞が続いているので、入る可能性があるのは名詞である。(B) enthusiasm (情熱) か (D) enthusiasts (熱心な人々) だが、動詞 anticipate の意味は「期待する」なので、主語が人でないと意味が通じないので、(D) が正解。また、動詞 anticipate に三人称単数の s が付いていないことからも、複数形の enthusiasts を選べる。

訳 家の改装に熱心な人々の多くは、ジェストン・ツール店の次の季節セールを待ちわびている。

☐ **improvement** 名 改装　　☐ **eagerly** 副 熱心に
☐ **anticipate** 他 期待する

17. 正解 (B)　文 prohibit との相性　〈名詞〉　★★

解説 prohibit は「禁止する」の意味で、「経営陣がどの従業員も優先的に扱うのを禁じる」という文脈。prohibit の主語としてふさわしいものを選ぶ。選択肢は、(A) tokens（しるし）、(B) guidelines（規約）、(C) borders（境界）、(D) outposts（前哨基地；出先機関）なので、(B) が正解である。

訳 セニ・バンク・アンド・トラストの管理職規約は、経営陣がいかなる従業員をも優先的に扱うことを禁じている。

- □ **prohibit ~ from ...** 〜が…するのを禁じる
- □ **executives** 名 経営陣
- □ **deal with** 〜を扱う
- □ **preferentially** 副 優先的に

18. 正解 (D)　文 before 以下に注目　〈動詞〉　★★★

解説 replacements は「後続品」のことで、「後続品が到着する前に重要な備品（crucial supplies）をほとんど〜だった」という文脈。選択肢は、(A) deported（退去させた）、(B) listened（聞いた）、(C) wore（着ていた）、(D) exhausted（使い切った）なので、(D) が正解である。

訳 ヘイル・ボールベアリングズ社は後続品が到着する前に、重要な備品を使い切ってしまうところだった。

- □ **crucial** 形 重要な
- □ **supplies** 名 備品
- □ **replacement** 名 後続品；交換品

19. 正解 (D)　文 2 つの会社の特徴を対比する　〈イディオム〉　★★★

解説 前半の Wong Industries は「半導体分野に特化してきた」。一方の Roschen Technologies は「その分野を放棄した」。両者は対照的に書かれているので、(D) in contrast to（〜と対照的に）を選ぶ。

訳 ウォン・インダストリーズは半導体分野に特化してきた。対照的にロスチェン・テクノロジーズは研究・特許の開発に集中するためにその分野を放棄した。

- □ **semiconductor** 名 半導体
- □ **abandon** 他 放棄する
- □ **patent** 名 特許

20. 正解 (D)　文 文全体を見る　〈動詞〉　★★

解説 「機器の確認（equipment check）の後、生産ライン（production line）が〜することを許可された」という文脈。選択肢は、(A) recall（思い出す）、(B) surround（囲む）、(C) convene（招集する）、(D) resume（再開する）なので、(D) が正解。

訳 安全検査官のミッキー・アルバートソンが短い機器の確認をした後で、生産ラインは再開することを許可された。

- □ **brief** 形 短い
- □ **inspector** 名 検査官

21. 正解 (A) 文 主語と as 以下がポイント 〈形容詞〉 ★★

解説 as his newest novel had just been released（彼の最新の小説が発売されたばかりだったので）から、Solomon Fisher's appearance（ソロモン・フィッシャーズの出席）がどうだったのかを考える。選択肢は、(A) timely（タイミングがいい）、(B) widespread（広く行き渡った）、(C) high（高い）、(D) exacting（厳格な）なので、(A) が正解。

訳 第 22 回国際書籍会議にソロモン・フィッシャーが出席したことは、彼の最新の小説が発売されたばかりだったので、きわめていいタイミングだった。

☐ **appearance** 名 登場　　　　☐ **convention** 名 会議；大会

22. 正解 (C) 速 job applications との関係 〈形容詞〉 ★

解説 空所の後は job applications と複数の名詞なので、(B) every と (D) much をまず除外できる。また、(A) any では「いかなる仕事の応募」となり意味が通じない。(C) several を選ぶと「数社の仕事に応募した」となり文意も通る。

訳 ラム・クマールは貿易会社に採用されるまでに、バンガロールにある数社に応募をした。

☐ **trading firm** 貿易会社；商社

23. 正解 (B) 文 空所の前後の文脈を考える 〈接続詞〉 ★★★

解説 選択肢は接続詞か接続副詞なので文脈を確認する。空所の前半は「新しいランニングシューズ、ファイヤ・レーサーの発売は 10 日間遅れた」で、後半は「それでもアナリストによれば収益の上がる製品になるはずだ」なので、逆接の関係である。また、nonetheless は逆接の接続詞とよくいっしょに使われる。(B) but が正解。なお、is が slated にも続いている点に注意。

訳 新しいランニングシューズ、ファイヤ・レーサーの発売は 10 日間遅れたが、それでもアナリストによれば収益の上がる製品になるはずだ。

☐ **overdue** 形 予定より遅れた　　☐ **nonetheless** 副 それでもなお
☐ **be slated to** ～だと予定される

24. 正解 (B) 文 要求・必要の require 〈動詞の形〉 ★★★

解説 〈require + 目的語〉の後ろは to 不定詞にしないといけないが、選択肢にこの形はない。したがって、この文は required の後ろが that 節で that が省略されていると考えられる。require は「要求；必要」の意味の動詞なので、that 節は仮定法現在、つまり動詞は原形を使う。したがって、(B) be motivated が正解となる。

訳 事務所長として、チャールズ・サンダーソンは、彼のスタッフがいつも仕事にベストを尽くすことを求めた。

☐ **at all times** いつも；常時

25. 正解 (C) 速 enjoy oneself を見抜く 〈再帰代名詞〉 ★★

解説 enjoy の後に空所があり、選択肢はすべて代名詞である。enjoy oneself で「楽しむ」という意味になることを考えて、文脈に合う再帰代名詞を選ぶ。主語は Families なので、これを受けるのは (C) themselves が適切。

訳 ミドル・アベニュー公園で自転車を借りる家族は、大いに楽しむすばらしい機会をもてる。

☐ **opportunity** 名 機会

26. 正解 (C) 文 on 以下に注目 〈品詞の選択〉 ★★

解説 that 節にはすでに動詞 relies があり、空所は前置詞 on の後にあるので、入るのは名詞か副詞。一方、文脈を見ると「an internal promotion policy（社内の昇格方針）が厳しい社員の〜に依存する」で、名詞を補足しないと意味が通らない。したがって、(C) competition（競争）が正解となる。

訳 AGV 石油・天然ガス社は、社員の熾烈な競争に依存する社内の昇進方針を維持している。

☐ **internal** 形 内部の；社内の　　　☐ **rely on** 〜に依存する；〜に頼る

27. 正解 (D) 文 空所の後は完全な文 〈関係副詞〉 ★

解説 空所の前は a place という場所で、空所の後には完結した文が続く。場所を表す関係副詞が入ると考えられるので、(D) where を選ぶ。

訳 シスカ州は、毎年多くの会社が研究施設を開設する地域である。

28. 正解 (C) 文 主語がヒントに 〈名詞〉 ★

解説 The Hadly City Youth Council という団体が、アート・フェスティバルの何かを考える。(A) editorials（社説）、(B) notices（通知）、(C) organizers（主宰者）、(D) versions（版）なので、(C) が適切である。

訳 ハドリー市青年会議は、年次サマー・アート・フェスティバルを主催するいくつかの団体の 1 つだ。

☐ **annual** 形 毎年の；年次の

29. 正解 (B) 文 文脈を考える 〈名詞〉 ★★

解説 CEO がもっているもので、それは to consult carefully with his CFO before making decisions（決定を下す前に CFO と慎重に相談する）という何かである。選択肢は、(A) variation（変化；変動）、(B) tendency（傾向）、(C) line（線；並び）、(D) action（行為）なので、(B) が最適。

訳 CEO のムハンマド・クライシは、決定を下す前に CFO と慎重に相談するというはっきりした傾向をもっている。

---

30. 正解 (A) 速 目的語との関係 〈動詞〉 ★★

解説 some difficult issues（いくつかの難しい問題）をどうするのかを考える。選択肢は、(A) settling（解決する）、(B) convincing（納得させる）、(C) distracting（気を紛らわせる）、(D) instructing（指示する）なので、(A) が最適。

訳 いくつかの難しい問題を解決した後で、アニストン家具社の計画委員会は、ボゴタに生産施設を開設する投票を行った。

□ **vote** 他 投票する

Part 6

[Questions 31-34]

31. 正解 **(D)** 速 直前の文を見る 〈代名詞〉 ★

解説 空所は主語である volunteers を修飾する所有格の代名詞で、前文の We を受けると考えられる。したがって、(D) Our が正解となる。

32. 正解 **(A)** 速 work との関係 〈品詞の選択〉 ★

解説 空所は is の後にあり This work の補語の要素なので、入るのは形容詞または名詞。(A) vital（重要な）を入れると「この仕事は重要だ」となり、文意が通る。一方、名詞の (D) vitality は「活気」という意味で、この仕事を形容できない。

33. 正解 **(A)** 文 文脈を考える 〈文選択〉 ★★

解説 ここまでの文脈は「図書館のボランティアの仕事」を勧める内容で、前文では「many facilities（多くの施設）が人員を欠いている」と述べている。(A)「これはコミュニティに貢献するチャンスです」が前文までの流れに沿った内容である。(B) は現在完了で書かれているが、Jimenez 氏がこれまでに貢献をしたかどうかは本文からは不明なので、不可。(C) のイベントや (D) の献金は本文に記述がない。

(A) これはコミュニティに貢献するチャンスです。
(B) あなたの貢献は私たちに大いに役立っています。
(C) イベントのスペースはかぎられていますので、お急ぎください。
(D) ご支援いただく1ドルでも私たちを目標に近づけてくれます。

34. 正解 **(B)** 文 直後の文を見る 〈動詞〉 ★★

解説 次の文で、You can sign up at the Web site below.（下記のウェブサイトで登録できます）と参加を呼びかけている。また、空所のある文の前半は If you have time in your schedule,（スケジュールに空きがありましたら）なので、後半はこれに呼応する内容でなければならない。(B) join（参加する）を入れると「ぜひあなたにも参加していただきたい」となり、文意が通る。他の選択肢は、(A) donate（寄付する）、(C) invest（投資する）、(D) transfer（移動させる；転勤させる）。

訳 設問 31 〜 34 は次のレターに関するものです。

ウエスト・ステート図書館ボランティア協会
パーク・ストリート 183
10 月 9 日

ミゲル・ヒメネス
ポッパー・アベニュー 9316

拝啓、ヒメネス様

　私共は地元の図書館や関連施設を 87 年間にわたり支援してきました。**㉛私共のボランティア**は、書類の整理や本の書棚への返却などの基本的な仕事をしています。この地域の多くの施設では人員が足りないので、こうした仕事が**㉜とても役立つ**のです。**㉝これはコミュニティに貢献するチャンス**です。スケジュールに空きがありましたら、ぜひあなたにも**㉞参加**していただきたいと思います。
　下記のウェブサイトで登録できます。

敬具
ティモシー・スペンス
運営責任者
www.weststatelibararyvolunteers.org

- □ **related** 形 関連する
- □ **shelves** 名 棚
- □ **sign up** 登録する
- □ **go a long way** 大いに役立つ
- □ **institution** 名 機関
- □ **lack** 他 欠く
- □ **give back to** 〜に報いる；〜に貢献する

[Questions 35-38]

35. 正解 **(D)** 文脈を理解する 〈文選択〉 ★★

解説 この文章は「注文が確定して、送付スケジュールを知らせる」内容である。また、冒頭には「注文内容」が記されている。This でこの文章の目的を示して、the transaction detailed above で冒頭の「注文内容」を指している (D)「これは上に記された取引を確認するものです」が正解。(A) の survey（調査）や (B) の complaint（クレーム）は本文に関係のない記述。(C) も this issue（この問題）に対応する内容が本文にない。

(A) この調査にお答えいただきまして、誠にありがとうございます。
(B) 私どもは 24 時間以内に上記のクレームに対応いたします。
(C) この問題をお知らせいただき、感謝いたします。
(D) これは上に記された取引を確認するものです。

36. 正解 **(B)** 直前の文を見る 〈動詞の形〉 ★

解説 時制を判断する問題。空所の前の文で、The order ... is scheduled to ship within the next 24 hours（注文品は 24 時間以内に発送される予定です）とあり、発送はこれから行われることがわかる。したがって、「到着する」のも未来のことである。未来形の (B) will arrive を選ぶ。

37. 正解 **(B)** 直前の文を見る 〈名詞〉 ★★★

解説 空所の文の Use it（それを利用する）の it は前文の the shipment tracking number（配送品の追跡番号）を受ける。したがって、確認するものは shipment（配送品）の status（状況）である。(B) が正解。他の選択肢は、(A) frequency（頻度）、(C) recommendation（推薦）、(D) transmission（送信）。

38. 正解 **(A)** 空所の文だけ 〈動詞〉 ★★

解説 空所の動詞の目的語は any delays（遅れ）で、この文は「もし遅れを〜したら、連絡してください」という内容。(A) experience を選べば、「遅れを経験したなら」となり、文意が通る。他の選択肢は、(B) postpone（延期する）、(C) avoid（避ける）、(D) inform（知らせる）。

訳 設問 35 〜 38 は次のウェブページに関するものです。

ユア・ファーマシー・オンライン社
www.yourpharmaonline.net

購入品目：GHI アスピリン
数量：1
合計金額（税金・配送料を含む）：8.99 ドル

㉟これは上に記された取引を確認するものです。ご注文品はもう取り消しや変更はできず、24 時間以内に発送される予定です。サービス条項によって、それは 3 〜 5 営業日で㊱到着します。
当社の倉庫を出た後、配送品の追跡番号が起動して、お客様がこのアカウントにお使いのメールアドレスに送られます。ウェブで追跡番号を使えば、この配送品の㊲状況が確認できます。
遅れるようなことが㊳ありましたら、ご連絡をお願いいたします。
ご購入に再度感謝いたします。

顧客サービス・チーム
ユア・ファーマシー・オンライン社

- ☐ **pharmacy** 名 薬局
- ☐ **item** 名 注文品
- ☐ **as per** 〜によって
- ☐ **warehouse** 名 倉庫
- ☐ **activate** 他 作動させる
- ☐ **survey** 名 調査
- ☐ **purchase** 他 購入する
- ☐ **ship** 他 配送する
- ☐ **terms** 名 条項
- ☐ **tracking number** 追跡番号
- ☐ **confirm** 他 確認する
- ☐ **transaction** 名 取引

[Questions 39-42]

39. 正解 **(D)**　文 次の文を見る　〈名詞〉　★

解説 主語は new employees（新入社員）で、彼らが出席するものが空所に入る。次の文では「これらセッションはふつう、それぞれが 90 分以内です」とあることからも、(D) orientation（オリエンテーション）が最適。(A) application は「応募」、(B) transportation は「交通」の意味で、いずれも不可。(C) の convention はふつう「大きな会場を使った会議」を指すので、ここでは不適。

40. 正解 **(C)**　速 空所の文だけ　〈接続詞〉　★★

解説 カンマの前は「他に重要な業務案件に携わって〜」、カンマの後は「マネジャーは必要なときにこれらを支援することが求められる」。前の部分を否定しない限り、後ろにはうまくつながらない。否定の条件を表す (C) Unless を入れれば文として成立する。

41. 正解 **(C)**　文 直前の文を見る　〈動詞〉　★

解説 空所の後の these は前文の giving tours and explaining company policy（社内の案内や会社の方針の説明）を指す。これらのそれぞれをどうすることが、新入社員に歓迎されていると思ってもらえる（make new staff feel welcome）のかを考える。選択肢では、(C) Completing（完遂すること）が最適である。他の選択肢は、(A) Reducing（減少させること）、(B) Answering（応答すること）、(D) Protecting（守ること）。

42. 正解 **(B)**　文 文脈を考える　〈文選択〉　★★★

解説 空所の前までの文脈は「マネジャーが新人研修に協力する」という要請である。これを the program で受けて、マネジャーの協力を your participation と言い換えた、(B)「このプログラムの成功は、みなさんの参加にかかっています」が最適。(A) の「どんな結果になっても」は新人の支援とうまくつながらず不自然。(C) は「現在の手法は変更されるべき」が唐突で不可解。(D) は risk of failure（失敗のリスク）がそれまでの内容と合致しない。

(A) どんな結果になっても、注意深く検討されなければなりません。
(B) このプログラムの成功は、みなさんの参加にかかっています。
(C) 調査によると、現在の手法は変更されるべきです。
(D) 定期的に上級経営陣と相談することによって、あなたの失敗のリスクは軽減します。

訳 設問 39 〜 42 は次の情報に関するものです。

パーコ・テクノロジーズ

　新入社員は全員が公式の**㊴オリエンテーション**に参加しなければなりません。これらセッションはふつう、それぞれが 90 分以内です。重要な業務案件に携わってい**㊵ないかぎり**、マネジャーは必要なときにこれらを支援することが求められます。仕事には、社内の案内、会社の方針の説明などがあります。新入社員に歓迎されていると思ってもらうためには、これらの 1 つ 1 つを**㊶完遂する**ことが大切です。

　マネジャーは、この重要な仕事を満足がいくように実行するのに最適任です。**㊷このプログラムの成功は、みなさんの参加にかかっています。**

- □ **orientation** 名 オリエンテーション：入門指導
- □ **normally** 副 ふつうは
- □ **deal with** 〜を扱う
- □ **give tours** （社内を）案内する
- □ **satisfactorily** 副 満足のいくように
- □ **outcome** 名 結果
- □ **indicate** 他 示す
- □ **last** 自 続く
- □ **critical** 形 重要な
- □ **be positioned** 〜の位置にある
- □ **carry out** 〜を実行する
- □ **occur** 自 起こる

[Questions 43-46]

43. 正解 **(C)**　🔤 直後の文を見る　〈名詞〉　★★

解説　I reviewed the ------- outlined in your 2 June e-mail. は「あなたの6月2日付けのメールで説明された〜を検討した」という意味。何を検討したかは、次の文の Your idea of using a catering service for the 19 July shareholders meeting（7月19日の株主総会にケータリング・サービスを利用するというあなたのアイデア）を指している。つまり、idea に近い意味の単語を選べばいい。選択肢は、(A) charge（請求）、(B) law（法律）、(C) proposal（提案）、(D) candidate（候補）なので、(C) が正解である。

44. 正解 **(A)**　🔤 直前の文を見る　〈接続副詞〉　★★

解説　前文で has many interesting points（多くの興味深い点がある）と述べておいて、空所の文では I have some concerns（いくつか懸念がある）としている。したがって、空所には逆説の意味をもつ接続副詞が必要。(A) However（しかし）が正解。他の選択肢は、(B) Likewise（同様に）、(C) Similarly（同様に）、(D) Therefore（それゆえ）。

45. 正解 **(D)**　🔤 前後の文を見る　〈文選択〉　★★★

解説　空所の前の文は「いくつかは手頃な値段ですが、他のものは高すぎます」。次の2文は「また、あなたはケータリング会社を数多く示していません。3社だけです。私はもっと選択肢を見る必要があります」。文の流れは、「見積もりの値段」→「選択肢の数」である。この文脈に適うのは、(D)「私はもっと幅広く価格を見る必要があります」である。(A) は bidding（入札）が、(B) は reforms（改革）が本文に書かれていない。(C) については、このメールの相手が見積もりについてのアドバイスを受け入れるかどうかはまだわからないので、時間の前後関係がおかしい。

(A) 入札の過程であなたが行った値下げはすばらしいものです。
(B) あなたが確立した改革はこれまでは明らかに機能しています。
(C) この件について、あなたが私の助言を受け入れなかったことが残念です。
(D) 私はもっと幅広く価格を見る必要があります。

46. 正解 **(A)**　🔤 文脈を考える　〈名詞〉　★★

解説　空所の文は「あなたの〜をもう一度練り直して、再提出してください」。これまでの文脈では「見積もりのやり直し」を要請している。したがって、rework するものとして最適なのは (A) concept（考え）である。他の選択肢は、(B) approval（承認）、(C) offering（セール；献金）、(D) regulation（規則）。

訳　設問 43 〜 46 は次のメールに関するものです。

宛先：<samantha.dubcek@HollisterFabricInc.net>
発信者：<william.zane@HollisterFabricInc.net>
日付：6月4日
件名：RE: ケータリング・サービス

ウィリアム

あなたの6月2日付けのメールで説明された❸提案を検討しました。7月19日の株主総会にケータリング・サービスを利用するというあなたのアイデアはなかなか興味深いです。❹しかし、いつくか懸念があります。
たとえば、あなたは数件のサービスの見積もりを見せてくれました。いくつかは手頃な値段ですが、他のものは高すぎます。❺私はもっと幅広く価格を見る必要があります。また、あなたは比較できるケータリング会社を数多く示していません。3社だけです。私はもっと選択肢を見る必要があります。
あなたの❻考えをもう一度練り直して、再送してください。

ありがとう
サマンサ・ダブセク
運営部長
ホリスター・ファブリクス社

- **catering service**　ケータリング・サービス；出前サービス
- **review**　他 検討する
- **shareholders' meeting**　株主総会
- **estimate**　名 見積もり
- **reasonable**　形 手頃な値段の
- **achieve**　他 達成する
- **impressive**　形 印象的な；すばらしい
- **so far**　今までのところ
- **outline**　他 〜の概要を説明する
- **concern**　名 懸念；心配
- **fairly**　副 かなり
- **rework**　他 改訂する
- **bidding**　名 入札
- **establish**　他 確立する

文法解法のまとめ

各 DAY で学習した解法のエッセンスをコンパクトにまとめました。
知識の整理に、試験直前の確認に利用してください。

DAY 1　代名詞・関係詞

解法❶　代名詞は人称・単複・格をチェック ・・・・・・・・・・・・・・・・・・・16

基本
代名詞の3つの格
「主格」　＝主語になる。
「所有格」＝直後の名詞にかかる。
「目的格」＝動詞の目的語になる。また、前置詞に続けられる。

ここに注目!
問題を解くときには、空所の代名詞がどの名詞を指しているかを確認して、格・単複・人称を見極めて正しい代名詞を選択します。

解法❷　再帰代名詞は主語との対応を考える ・・・・・・・・・・・・・・・・・ 17

基本
「再帰代名詞」とは、代名詞の目的格に self（複数の場合は selves）が付いた形で、自身のことを表現したり、強調したりする場合に用います。「～自身」「～自体」という意味を表します。目的語になったり、前置詞の後に置かれたり、強調表現として使われたりします。

解法❸　関係代名詞か関係副詞かを見極める ・・・・・・・・・・・・・・・・・ 19

基本
空所に続く文に欠けた要素（主語・目的語・所有格）があれば、空所に入るのは関係代名詞です。空所に続く文に欠けた要素がなければ、空所に入るのは関係副詞です。

解法❹　関係代名詞には 3 つの格がある ・・・・・・・・・・・・・・・・・・・・ 20

基本
関係代名詞の格は代名詞と同じで、「主格」「所有格」「目的格」の3つです。また、先行詞が「人」か「モノ」かもポイントになります。

ここに注目!
関係代名詞の that は非制限用法の場合には使えません。非制限用法とは、関係代名詞の前がカンマで区切られている文です。

関係代名詞の what は〈the thing(s) + which〉の役割を果たします。「～のもの」という意味です。

解法❺ 関係副詞は先行詞を見て選ぶ・・・・・・・・・・・・・・・・・・・・・・・ 22

ここに注目! 先行詞が day など「時」を表す語なら when を選び、country など場所を表す語なら where を選ぶというように、直感的に処理することができます。

先行詞が reason（理由）の場合は why ですが、この reason と why はどちらか一方を省略することができます。

解法❻ 不定代名詞は注意すべき用法をおさえる ・・・・・・・・・・・・ 23

基本 不定代名詞とは、不特定の人・モノ・数量を表す代名詞です。

ここに注目! the other(s) で「特定の残りのもの」を表します。others で「不特定の他の人々・モノ」を指します。another は an other と同じで、代名詞としては「不特定のもう 1 つのもの」という意味で使います。

DAY 2　時制・仮定法・態・準動詞

解法❼ 時制は文脈から判断する。時を示す言葉がヒントに ・・・ 38

基本 「現在形」は、現在の状況や習慣的な行動を表します。TOEIC では三人称単数現在（三単現）の s が解答のポイントになることがあります。

「過去形」は過去の一時点の行動・状況を表します。「現在完了」は過去から現在まで継続している行動・状況、または過去の出来事が現在に影響しているときに使います。

「未来形」は will や be going to で表すのがふつうですが、be scheduled to（〜する予定である）、be supposed to（〜することになっている）など別の表現でも表せます。また、現在進行形で近未来の予定を表せます。

解法❽ 仮定法は基本を押さえる。「仮定法現在」に注意！ ・・・ 39

ここに注目! 「仮定法現在」は未来・現在についての仮定や想像を表します。that 節の中の should はよく省略され、動詞の原形になります。

要求・必要・主張・推奨を表す動詞が導く that 節
　　require（必要とする）　**demand**（要求する）　**recommend**（推奨する）

要求・必要・主張・推奨を表す形容詞が使われる〈It is 形容詞 that 〜〉
　　necessary（必要な）　**desirable**（望ましい）　**imperative**（義務の）

209

解法 ⑨ 動詞の態は主語との関係で考える ・・・・・・・・・・・・・・・・・・・・ 40

基本 「動詞の態」の選択では、主語が「〜する」と能動的なのか、主語が「〜される」と受動的なのかを見極める必要があります。
受動態は〈be + 過去分詞 + by〉で表すのが基本です。能動態の目的語が主語になって受け身を表します。

解法 ⑩ 現在分詞は「〜する」、過去分詞は「〜される」・・・・・・・ 41

基本 現在分詞は〈動詞 + ing〉、過去分詞は〈動詞 + ed〉の形です。
現在分詞は進行形で使うほか、形容詞と同じ機能で名詞を修飾したり補語になったりします。過去分詞は完了形で使うほか、形容詞と同じ機能で名詞を修飾したり補語になったりします。

ここに注目! 名詞を修飾する場合に、現在分詞と過去分詞の選択が問われることがよくあります。ポイントは、名詞を基準にして、それが「〜する」〈能動〉なら現在分詞、それが「〜される」〈受動〉なら過去分詞です。

基本 「分詞構文」とは、分詞を用いて〈接続詞 + 主語 + 動詞〉の働きをするものです。カンマで区切られて独立した句をつくるので、ひと目で分詞構文とわかります。接続詞はそのまま残しておくことも可能です。

解法 ⑪ 不定詞と動名詞を区別する ・・・・・・・・・・・・・・・・・・・・・・・・・・・ 44

基本 不定詞は〈to + 動詞の原形〉、動名詞は〈動詞 ing〉で、どちらも名詞と同じ働きをします。注意したいのは、不定詞・動名詞どちらも使える場合と、どちらかしか使えない場合があることです。主語・目的語・補語にはどちらも使えますが、前置詞の後には to 不定詞は使えません。

DAY 3　品詞を見分ける

解法 ⑫ 空所の文中での役割を見極める ・・・・・・・・・・・・・・・・・・・・・ 58

ここに注目! 空所の役割を知れば、品詞を特定できます。
① 空所が述語の役割をする／不定詞として使う　→　動詞
② 空所が主語・目的語・補語になっている　→　名詞
③ 空所が名詞を修飾する／補語になっている　→　形容詞
④ 空所が動詞・形容詞・副詞・文全体を修飾する　→　副詞

解法 ⑬ 語尾が品詞を見分けるヒントになる ・・・・・・・・・・・・・・・・・・ 60

ここに注目! 語尾を利用して品詞を識別できます。

〈名詞の典型的な語尾〉
　-tion　　-sion　　-ment　　-nce　　-ity　　-ship　　-ness

〈形容詞の典型的な語尾〉
　-ble　　-al　　-ful　　-ent　　-ic　　-ive　　-ous

〈動詞の典型的な語尾〉
　-en　　-fy　　-ize　　-ate　　-ish

〈副詞の典型的な語尾〉
　-ly

DAY 4　接続詞・前置詞・接続副詞

解法 ⑭ 「接続詞」は2つの要素をつなぎ、「前置詞」は名詞を従える ・・・ 74

基本 「接続詞」は、文と文、語と語をつなぎます。語と語をつなぐ場合、品詞は問いません。「前置詞」は〈前置詞 + 名詞〉でまとまった句をつくり、必ず名詞の前に置きます。

ここに注目! 接続詞・前置詞・接続副詞の混在する選択肢は、まず接続詞(接続副詞)と前置詞を区分します。前置詞はその後に必ず名詞が続きます。接続詞は名詞と名詞をつなぐ場合には、前後は対等の関係です。これで、両者を識別できます。

解法 ⑮ 「等位接続詞」は前後を対等につなぎ、「従位接続詞」は前後を主従関係でつなぐ ・・・・・・・・・・・・ 75

基本 空所に入るものが接続詞と限定できれば、接続詞の中で適切なものを選びます。そのときにポイントとなるのが、「等位」か「従位」かです。

「等位接続詞」: 前後を対等の関係でつなぐ。
「従位接続詞」: 接続詞が入る節が補足的な説明をする。

解法 ⑯ 接続副詞は文と文をつなぐ ・・・・・・・・・・・・・・・・・・・・・・・・・・・ 77

基本 基本的には等位接続詞と似かよった役割です。しかし、等位接続詞は文と文をつなぐときは必ず文頭に置きますが、接続副詞は文頭に置くほか、カンマではさんで挿入できます。またセミコロンの後に用いられます。

解法 ⑰ 前置詞はまぎらわしい用法に注意 ・・・・・・・・・・・・・・・・・・・・・・ 78

ここに注目！

前置詞の用法にはよく出題されるものがあります。

in〈増減の名詞と〉→ **an increase [decrease] in oil prices**（石油価格の上昇［下落］）
around〈おおよそ〉→ **around here**（このあたりに）
at〈比率〉→ **at the present rate**（現在のレートで）
by〈差〉→ **Revenues increased by 25%.**（収入は25％増えた）
behind〈遅延〉→ **behind schedule**（予定より遅れて）
over〈関連〉→ **over the upcoming event**（今度のイベントについて）
under〈進行中〉→ **under consideration**（検討中で）
despite〈逆接〉→ **despite the bad weather**（悪天候にもかかわらず）

DAY 5　相関語句・イディオム

解法 ⑱ 相関語句は基本を押さえれば十分 ・・・・・・・・・・・・・・・・・・・・・ 92

基本

相関語句とは、前後の２つの語句が関連し合って１つの意味をもつ表現です。

ここに注目！

設問文の中に一方の語句を見つければ、もう一方がすぐにわかります。

〈**both A and B**〉（AもBも）
〈**either A or B**〉（AかBのどちらか）
〈**neither A nor B**〉（AもBも～ない）
〈**not A but B**〉（AではなくB）
〈**not only A but also B**〉（AばかりでなくBもまた）など

解法 ⑲ 頻出イディオムは繰り返し出題される ・・・・・・・・・・・・・・・ 93

ここに注目！

どの前置詞・副詞を使うかに注意して覚えましょう。

according to（～によれば）　**due to / because of**（～のために）
in charge of（～を担当して）　**in spite of**（～にもかかわらず）
in terms of（～の観点から）　**instead of**（～の代わりに）

解法 ⑳ ビジネス動詞句に焦点を絞れ ・・・・・・・・・・・・・・・・・・・・・・・・・ 94

ここに注目！

Part 5 と 6 でよく出題される動詞句は国際ビジネスでよく使われるものです。覚えるときは動詞と結びつく前置詞・副詞を意識しましょう。

approve of（～を承認する）　**carry out**（～を実行する）
come up with（～を考え出す）　**comply with**（～を遵守する）
deal with（～に対処する）　**hand in**（～を提出する）

DAY 6　動詞を選ぶ

解法㉑　目的語との相性に注目する ・・・・・・・・・・・・・・・・・・・・・・・・・・・・・108

> **ここに注目!**　動詞の問題はまず目的語との相性を考えましょう。目的語との相性だけで適当な動詞を絞り込むことができる問題もあります。
>
> 目的語を見て解決しなければ、文の他の部分から選択肢を絞るキーワードを見つけて解答します。

解法㉒　コロケーションを見抜け ・・・・・・・・・・・・・・・・・・・・・・・・・・・・・・・・・109

> **ここに注目!**　英語には〈動詞 + 目的語〉の決まったつながりがあります。これをコロケーションと言います。このコロケーションに注目すれば、目的語を見るだけで空所の動詞を確定できます。
>
> **make efforts**（努力をする）
> **meet a deadline**（締め切りを守る）
> **place an order**（注文する）
> **play a role**（役割を果たす）
> **raise money**（資金を調達する）
> **take notes [minutes]**（記録［議事録］を取る）

解法㉓　自動詞か他動詞かを見極める ・・・・・・・・・・・・・・・・・・・・・・・・・110

> **基本**　他動詞は直接に目的語を続けられますが、自動詞は前置詞を介して目的語を続けなければなりません。
>
> 〈他動詞 + 目的語〉
> 〈自動詞 + 前置詞 + 目的語〉

> **ここに注目!**　自動詞には定型的に結びつく前置詞があります。〈rely + on〉（～に頼る）、〈concentrate + on〉（～に集中する）、〈participate + in〉（～に参加する）など。
>
> 他動詞でも〈他動詞 + A + 前置詞 + B〉の形で、特定の前置詞が使われるものがあります。〈prefer A to B〉（B より A を好む）、〈prevent A from B〉（A が B するのを妨げる）、〈replace A with B〉（A を B と交替させる）など。

213

DAY 7　形容詞・副詞を選ぶ

解法 24　形容詞は修飾する名詞、関連する主語から考える ···· 124

基本　形容詞は「名詞を修飾する」「補語になる」という機能です。

ここに注目!　空所の形容詞を選ぶときにはまず、「名詞を修飾」する場合には「修飾される名詞」をチェック、「補語」の場合は「主語」をチェックすることが基本になります。これで決定できれば、問題文の他の部分は読む必要はありません。

解法 25　副詞はまず修飾する動詞・形容詞・副詞を見る ······ 126

基本　副詞は「動詞・形容詞・副詞を修飾する」場合と「文全体を修飾する」場合があります。

ここに注目!　副詞の位置に注目してください。
〈動詞の前後、be 動詞・助動詞の後、文頭・文尾など〉→ 動詞を修飾する → 動詞との相性をチェック
〈形容詞の前後〉→ 形容詞を修飾する → 形容詞との相性をチェック
〈副詞の前〉→ 副詞を修飾する → 副詞との相性をチェック
〈文頭・文尾、カンマではさんで挿入〉→ 文全体を修飾する → 全体の文意をつかむ

解法 26　比較は「形」から入る ·· 128

基本　「比較」は基本の定型パターンを駆使することで解答できます。

〈同等比較〉
　A is as ~ as B.（AはBと同じくらい~だ）
　A isn't so [as] ~ as B.（AはBほど~ではない）

〈比較級〉
　A is ~er [more ~] than B.（AはBよりも~だ）
　・比較級の修飾語：much, even, far, still など。very は使えない。

〈最上級〉
　A is the ~est [most ~].（Aは最も~だ）
　・最上級の修飾語：by far, very など。

214

DAY 8　名詞を選ぶ

解法㉗　まず前後の言葉との相性を考える　……………… 142

ここに注目!
名詞を選択する問題では、まず前後の言葉との相性を考えます。直前にある形容詞や動詞、前置詞を介して後ろにつながる名詞との関係です。

ここまでで絞りきれない場合には、文全体に目を通して他のヒントを見つける必要があります。

解法㉘　定型表現だとわかれば即答できる　……………… 144

ここに注目!
ビジネスの名詞には定型表現が数多くあります。〈名詞 + 名詞〉や〈形容詞 + 名詞〉、〈名詞 and 名詞〉などです。こうした表現を知っていれば、空所の前後を見るだけで簡単に解答できます。

track record（職歴）　　　　**office supplies**（事務用品）
competitive edge（競争力）　**research and development**（研究・開発）

DAY 9　長文空所補充

解法㉙　文脈を意識しながら、最初からぜんぶ読む　………… 158

基本
Part 6 は、長文という特性を生かして、文脈に依存した空所補充問題が設定されています。文選択の設問も新たに加わり、ますます文脈に依存する傾向が強まったと言えます。こうした設問設定を考えると、問題文を最初からすべて読むことが結果的に効率的な解き方と言えます。

ここに注目!
「STEP 1　頭から全部読む」→「STEP 2　選択肢を見て、問題の種類を知る」→「STEP 3　文中にヒントを探す」が解答の流れです。

解法㉚　まず直前の文→次に直後の文→文章全体に見る範囲を広げる　……………… 158

基本
文脈依存の問題の多くは直前の文を見ることで解決します。直前の文を見なければならない問題の典型は「代名詞」や「つなぎ言葉」を選ぶものです。他にも、「時制」や「語彙問題」で、直前の文を見なければ解けないものがあります。一部ですが、直後の文にヒントがある問題も出ます。

ここに注目!
「文選択」の問題の多くは文章全体の流れを把握する必要があります。

●著者紹介

成重 寿 Narishige Hisashi

三重県出身。一橋大学社会学部卒。英語教育出版社、海外勤務の経験を生かして、TOEICを中心に幅広く執筆・編集活動を行っている。主要著書：『TOEIC® TEST英単語スピードマスター NEW EDITION』、『TOEIC® TEST必ず☆でる単スピードマスター』、『TOEIC® TEST全パートまるごとスピードマスター』、『WORLD NEWS英単語スピードマスター』、『ゼロからスタート英単語 BASIC 1400』(以上、Jリサーチ出版)など。

英文問題作成	Craig Brantley (CPI)
カバーデザイン	滝デザイン事務所
本文デザイン／DTP	江口うり子（アレピエ）

新形式問題 完全対応

TOEIC® TEST 英文法スピードマスター
NEW EDITION

平成28年（2016年）4月10日　初版第1刷発行

著　者	成重　寿
発行人	福田富与
発行所	有限会社　Jリサーチ出版
	〒166-0002　東京都杉並区高円寺北2-29-14-705
	電話 03(6808)8801(代)　FAX 03(5364)5310
	編集部 03(6808)8806
	http://www.jresearch.co.jp
印刷所	㈱シナノ パブリッシング プレス

ISBN978-4-86392-272-3　　禁無断転載。なお、乱丁・落丁はお取り替えいたします。
© 2016 Hisashi Narishige, All rights reserved.